STREAMPUNKS

订阅

YOUTUBE AND THE REBELS REMAKING MEDIA

数字时代的商业变现路径

[美]

罗伯特·金奇尔（Robert Kyncl）

马尼·佩伊万（Maany Peyvan）

著

关嘉伟

译

中信出版集团 | 北京

图书在版编目（CIP）数据

订阅：数字时代的商业变现路径 /（美）罗伯特·金奇尔，（美）马尼·佩伊万著；关嘉伟译．-- 北京：中信出版社，2018.12

书名原文：Streampunks：YouTube and the Rebels Remaking Media

ISBN 978-7-5086-9631-7

I. ①订… II. ①罗… ②马… ③关… III. ①网络公司－企业管理－经验－美国 IV. ① F279.712.444

中国版本图书馆 CIP 数据核字（2018）第 228308 号

Streampunks: YouTube and the Rebels Remaking Media
By Robert Kyncl and Maany Peyvan

订阅——数字时代的商业变现路径

著　　者：[美] 罗伯特·金奇尔　[美] 马尼·佩伊万
译　　者：关嘉伟
出版发行：中信出版集团股份有限公司
（北京市朝阳区惠新东街甲 4 号富盛大厦 2 座　邮编　100029）
承 印 者：北京诚信伟业印刷有限公司

开　　本：880mm × 1230mm　1/32　　印　　张：9.75　　字　　数：200 千字
版　　次：2018 年 12 月第 1 版　　印　　次：2018 年 12 月第 1 次印刷
京权图字：01–2018–5254　　广告经营许可证：京朝工商广字第 8087 号
书　　号：ISBN 978–7–5086–9631–7
定　　价：68.00 元

服务热线：400–600–8099
投稿邮箱：author@citicpub.com

目　录

前　言

电视上什么都没有。

是的，在我成长的地方，电视上什么都没有。我出生于铁幕之后——1970年的捷克斯洛伐克社会主义共和国。我年少时的娱乐方式可以说十分单调。我们的书籍都要经过出版与信息局的审查；唯一能读到的报纸叫作《红色真理报》(*Rudé Právo*)，那是捷共的党报；广播电台、电视台、电影院和交响乐团都在国家的管控之中。私营企业印刷出版物或发送广播信号是非法的，只要任何书面文件复印超过11份，就是非法的，乐队在没有许可的情况下开展演出活动也是非法的。

在这样的环境里找乐子，只有一个办法：发挥创造力。

我看的书是从纳粹占领时期开办的地下出版社淘回来的(《一九八四》是我早年的最爱)。为了收到来自德意志联邦共和国的广播信号，我把自己那台晶体管收音机的天线掰弯了，这样我就能在断断续续的电波中听到邦乔维(Bon Jovi)、蝎子乐队(Scorpions)和恐惧之泪(Tears for Fears)这些乐队的歌曲。运气好的话，我还能拿到朋友不知道从哪里搞来的走私录像带。

我还记得我看过的第一部西方电影：《终结者》。但因为当时没有钱做好捷克语的字幕和配音，电影中所有角色的配音都是由同一个人完成的。这肯定谈不上是好的观影体验，但我和朋友们还是津津有味地连续看了三遍。

如今，我的两个小女儿可以在平板电脑上阅读无数本电子书，尽管她们还是更爱看从亚马逊买来的纸书；可以在手机上随意浏览各种新闻；可以在声田（Spotify）和网飞（Netflix）这样的流媒体平台上无限制地享受音乐和电影；如果想看电视，她们只要往沙发上一靠就能观看数百个卫星电视频道的节目。我不禁感慨，她们的娱乐方式确实比我小时候丰富太多了——就算比起十年前在美国长大的孩子，都要丰富太多。尽管她们拥有五花八门的娱乐方式，但我还是发现她们在其中一种娱乐方式上花的时间特别多：看 YouTube 视频。

在不到一代人的时间里，我们消费的媒体内容已经不再由国家或企业垄断，我们自己决定看什么，读什么，听什么。YouTube 出现之后，人们第一次能够享受到免费、即时和全球分发的视频。Netflix、Hulu 和 Spotify 等流媒体服务将传统内容的“旧酒”装进了流媒体的“新瓶”，YouTube 这样的开放平台则改变了生产、分发和消费媒体的主体。突然间，任何人都能向世界上的所有人分享视频。

这种自由虽然只出现了十几年的时间，但它已经对媒体行业产生了极其深远的影响。它重新定义了什么是名人，以及谁可以成为名人。深谙其中道理的新晋名人被推到了聚光灯下，他们不是高高在上的偶像，因为他们深知直接与粉丝互动的重要性。在这种自由的推动之下，一群更多元、更有主见的新星诞生了。他们不像过往的明星那样循规蹈矩，但这反而会让人觉得更真实。

这种自由也转变了我们对娱乐方式的理解。美妆视频、游戏解说视频、产品开箱视频——它们催生出了一系列前所未有却大受欢迎的内容形式。我们的世界也因此变小了，我们现在可以看到从前受国界限制的海外内容。全球数十亿受众也不再满足于批量生产的大众娱乐内容，他们可以根据自己的兴趣选择看什么。

这种自由还改写了娱乐和新闻行业的规则。我们有了新的新闻获取方式，从弗格森枪击案到叙利亚内战，活跃在最前线的记者为世人记录下了这个世界的不公。有了这种自由，广告也可以上升为一种艺术形式，一种必看的精彩内容；曾经一度衰落的音乐视频也重新焕发生机，成了音乐新人打入主流市场的敲门砖。

我看着自己现在的生活，发现自己的童年显得如此遥不可及。我从小向往西方世界，但一直只能窥见它的一角。如今，作为YouTube的首席商务官，我的工作是将信息和娱乐带给全世界超过十亿的受众。YouTube所做的不是为人们打开一扇瞥见世界的窗户，而是举起了一块面向全人类的镜子，照出了我们所有的快乐，所有的挣扎，所有的新闻，所有的历史。

现在，每个月都有15亿人访问YouTube这个全球最大规模的视频库。人们可以使用各种设备，随时随地观看自己喜欢的内容。有人观看最新的病毒视频和音乐视频，或者深夜节目剪辑；有人回顾自己错过的新闻或体育报道；有人学习新的知识，或发展兴趣；有人甚至只看广告。大多数人访问 YouTube 都是为了看一些他们在其他地方找不到的内容：渴望向全世界分享自己的创意，并已经在这个平台上取得成功的新一代视频创作者和艺人。

我把这些开拓者叫作“视频朋客”。

我写这本书不是为了回顾 YouTube 的创业历程，也不是为了歌颂又一家“颠覆行业”“重写规则”的硅谷明星公司。我之所以要写这本书，是想讲述一群天才创作者和创业者在 YouTube 上尽情施展创意的故事。他们当中有的人拥有比知名电视节目更多的观众，有的人已经成就一番事业。但是，他们所有人都在做同一件事——改变媒体行业的运作方式。

我希望通过他们的故事来讲述这种变化。我希望突出介绍他们的成名策略，希望如实描绘他们一路走来所面临的重重挑战，还希望阐明他们的成功对于媒体行业未来的启示。

最后，我希望创作出一部能够吸引读者、娱乐读者的作品，让他们感受到自己也身处这场蓬勃发展的运动之中。

毕竟，这是视频朋客们每天都在做的事情。

第 1 章

人人都能创作

播主的兴起

008

摄像头比人先进来。

一座位于纽约切尔西街区的片场打开了大门，随着音响系统传来卡尔文·哈里斯（Calvin Harris）的《你的爱有多深》（*How Deep Is Your Love*），门外等候的数百个人高举手机，一边自拍一边涌入场内——他们是数字时代最当红的艺人。他们的年龄跨度有好几十年，而且这似乎成了入场先后的一个依据。其中最年轻的还不到二十岁，他们最先冲向了舞台前排的最佳位置。年纪大一点的"千禧一代"跟在后面——比起抢在前头，他们更愿意抓紧机会跟身边的同辈互相交流。最后入场的是"X世代"，这些算是YouTube的"老人"了，而且他们的辨识度非常高——他们是现场唯一背着背包的人。无论老少，这群视频朋客几乎都录下了自己的入场过程，准备向他们遍布世界各地的数百万粉丝分享这个时刻。

这是YouTube创作者峰会，也是娱乐行业最高规格的盛典之一。我们每年都会邀请YouTube上最受欢迎的红人来纽约参加连续多日的聚会。他们在这里互相联络感情之余，还会听到娱乐行业顶尖创意人员的深刻演讲。这就像是数字领域的达沃斯论坛。

这场峰会是视频创作者们为数不多的一个休息机会——他们大部分都在全年无休地为自己的频道制作视频，或者与粉丝互动。这些互动有时是事先安排好的，比如粉丝见面会或者大会活动，但更多时候是偶然发生的，如果他们在街上被粉丝碰见了，就会在推特（Twitter）上引发一连串讨论。当数百位 YouTube 顶尖播主齐聚纽约参加峰会的消息在社交媒体上传开之后（这是肯定的），许多热情的年轻粉丝聚集在酒店门外，希望能与自己的偶像留下一张珍贵的合影。许多主流名人都习惯于避开公众的视线，并与自己的粉丝保持一定的距离，但是 YouTube 创作者们不一样，他们走的是亲民路线。他们的成功在很大程度上来源于他们在数字世界的亲和力，这也会让粉丝期望他们在真实世界也同样容易亲近。

也许是因为这场峰会带来了宝贵的休息机会，参会的创作者们在纽约 4 月的这天早晨都显得相当轻松，很多初次见面的人都能迅速打成一片——他们在拍完自己的入场过程后就放下了手中的镜头，开始互相拥抱致意。虽然参加大会的人来自全球各地，但他们还是能轻易认出对方。比如美国当红创作者泰勒·奥克利拥抱了来自英国的丹·豪威尔和菲尔·莱斯特，他们三位都是畅销书作家。尽管大多数创作者最后还是会跟本国的朋友坐在一起，但是在这最初的 5 分钟里，你能从这些不分国界的热情问候中深刻感受到他们对彼此的敬意，好像他们已经成了亲密无间的队友。

事实上，无论来自哪里，他们身上的共性似乎要比差异多。你能感受到这是他们真正想做的工作，而且他们不需要对自己以外的任何人负责。他们穿着最难买到的运动鞋，最引人注目的休闲运动装，还有来自布鲁克林和柏林的潮牌服饰——后者现在对时尚的影响力不亚于米兰的奢侈品牌。或者他们就穿着最普通的 T 恤和牛仔裤，这已经算是创作人员的制服了。他们当中很多人都有文身，也都染了发，以至于没有这样做的人会显得有些格格不入。

会场内最吸引眼球的发色当属马克 · 菲施巴赫（即 YouTube 上以恐怖独立游戏为主的游戏实况解说者 Markiplier）的鲜红色和肖恩 · 麦克洛克林（Jacksepticeye）的薄荷绿，他们分别是美国和爱尔兰最受欢迎的游戏视频作者。对于很多不熟悉 YouTube 的人来说，马克和肖恩的成功也许很难理解，因为他们的工作基本上就是一边玩游戏，一边录下自己实时的反应和解说，但是全世界有成千上万个人在模仿他们的模式。这些游戏达人成了注意力的收割者，每天都有数亿观众花大量时间去看别人玩游戏。

这些游戏播主可不会出现在我们的电视黄金时段，当然，会场上出现的许多其他创作者也一样。例如贝瑟妮 · 莫塔、雷伊 · 博伊斯、达尔西 · 坎蒂 · 鲁伊斯这样的生活方式导师，她们会制作一些美发和化妆教程视频。凯西 · 内斯塔特这样的视频日志创作者会以自己的视角拍下自己日常生活的片段，并借此收获了电视节目量级的观众。电子产品专家路易斯 · 希尔森特格的 Unbox

Therapy 是一个专门分享产品开箱视频的频道，这些动辄可达百万播放量的视频让粉丝们不用花钱也能体验到最新的科技产品。

这些创作者所代表的视频形式（游戏解说、美妆教程、开箱视频）都不是我们能在电视上看到的内容。任何业内人士，即便是 YouTube 的高管，都没有预见这些前所未见的内容形式会成为 YouTube 的主流。

你可以试想自己是一家电视网络的总裁，如果有人来说服你投拍这样的节目——几个人一起完成精心设计的特技镜头，观看父母给自己的女儿梳辫子，或者用 4K 高速摄像机拍摄超慢镜头的动作——你会同意吗？或许不会。但这些正是 Dude Perfect、Cute Girls Hairstyles 和 The Slow Mo Guys 等频道积累数百万订阅者所采用的方式，而这些频道的主人也来到了峰会现场。

除了这些开创全新内容频道的明星以外，会场上还有一群沿用传统电视节目形式的创作者，但他们会根据现今观众的需求来改良这些内容。Sorted Food 频道的英国大厨们所做的不是一个简单的烹饪节目，他们会认真听取观众的反馈，几天后就能推出粉丝们呼声最高的菜谱教学，而传统烹饪节目的观众可能要等到下一季才能看到自己喜欢的菜式。德斯汀·桑德林是一位来自亚拉巴马州的工程师，他在自己的频道 Smarter Everyday 上讲解太空旅行、激光祛除文身等各种物理知识。这个系列短片的更新频率远超 PBS（美国公共电视网）的周六教育节目，或者 TLC（旅游生活频道）偶尔播出的教学内容。贾马尔·爱德华兹在 YouTube

上创立了数字音乐网络 SBTV，他当时年仅 16 岁。这个频道专注于展现被 MTV（音乐电视网）忽视的东伦敦地下音乐（Grime），艾德·希兰的歌手生涯也是从 SBTV 开始的。岑科·维格尔在 2002 年开设了首个网络视频新闻节目 The Young Turks，它现在已经是全世界最大的网络新闻节目。

上面提到的都是你不会在电视上看到的内容，在会场里扫视一圈，你还能发现一些通常不会出现在大众电视媒体上的面孔。在关于好莱坞种族多元化的争论当中（#OscarSoWhite），YouTube 创作者们选择以最真实的一面来展现自己的文化背景。莉莉·辛格（她另一个更为人熟知的名字是 ||Superwoman||）之所以能成名，是因为她没有刻意回避自己作为印度移民的身份，而且凭借模仿自己父母的视频而大受欢迎（我收回前面说的话，她的发型才是全场最惊艳的）。她的好友兼视频客串嘉宾 sWooZie，原名阿丹德·索恩，也在 YouTube 上掀起了巨大的波澜——他在 2016 年采访了美国前总统巴拉克·奥巴马；在奥巴马任期内最后一次国情咨文演讲过后，sWooZie 跟他一起探讨了警察暴力和种族形象定性的问题。Wong Fu 制作公司的陈德伟（Wesley Chan）、傅大诚（Ted Fu）和王振翔（Philip Wang）则致力于拍摄由亚裔美国人主演的剧集和电影，这是被好莱坞长期忽视的一个领域。萨米·斯利马尼是一位突尼斯裔的生活方式导师，他凭借自己的频道 HerrTutorial 成了德国最受欢迎的 YouTube 播主之一。

YouTube 的全球化特质毋庸赘言，它有接近 80% 的流量都来自美国以外的地方。以前很少有电视剧能在多个国家播出，通常是一部电视剧在 BBC（英国广播公司）上大热之后才会向全世界出口。在 YouTube 上，来自巴西的喜剧团体 Porta dos Fundos 一直在努力革新本国的短喜剧形式，他们的视频在欧洲和亚洲也有数千万观众。HolaSoyGerman 是 YouTube 上最受欢迎的创作者之一，他在美国的粉丝并不比他所在的智利少。众所周知，YouTube 有史以来点击量最高的视频是《江南 Style》，一首以首尔富人区为主要对象的韩国流行歌曲，里面的歌词基本都是韩语。

音乐向来是 YouTube 的核心魅力所在。这个平台已经成了乐迷发现新音乐、唱片公司发掘新人的重要来源。一位叫作斯库特·布劳恩的音乐经纪人在 YouTube 上无意发现了一个加拿大男孩的选秀片段，这个男孩就是贾斯汀·比伯，他当时只有 12 岁；三年后，贾斯汀·比伯在麦迪逊广场花园开了一场座无虚席的演唱会。Macklemore 也是在 YouTube 上一炮而红的，他的大热音乐视频《旧货店》（Thrift Shop）帮他赢得了格莱美最佳说唱专辑奖。YouTube 本身也成了 Pentatonix 和 Boyce Avenue 这些独立音乐组合成长的土壤，他们已经凭借自己的翻唱视频和原创歌曲斩获了多张白金销量唱片，登上了世界各地的音乐排行榜。

在数字世界大放异彩的创作者们也将自己的成功带进了出版领域。参加这次峰会的创作者里有 1/4 都是畅销书作家，比如泰勒·奥克利的幽默故事集 *Binge* 和盒装红酒爱好者汉娜·哈特的烹饪书 *My Drunk Kitchen*。Zoella 频道的播主佐伊·萨格是一名住在英国布莱顿的视频日志创作者，她写出了英国史上最畅销的小说处女作，超越了 J. K. 罗琳）。不过目前会场内最著名的作家是约翰·格林，他的《无比美妙的痛苦》（*The Fault in Our Stars*）是历史销量最高的小说之一，而且被改编成了一部口碑绝佳的电影。

电影产业也逐渐将发现人才的目光转向 YouTube。Pentatonix 和 YouTube 喜剧演员兼 DJ（唱片骑师）弗卢拉·博格（Flula Borg）都在票房大片《完美音调 2》（*Pitch Perfect 2*）中担纲主演。2009 年，乌拉圭导演费德·阿尔瓦雷斯向 YouTube 上传了一部以外星人入侵地球为主题的短片 *Panic Attack!*，它的制作成本仅为 300 美元。三天后，他的收件箱里就塞满了各大好莱坞制片厂发来的邀请。5 周后，他就签下了多部电影的导演合约，其中包括一部《鬼玩人》（*The Evil Dead*）的翻版电影，据传这份合约的价值高达 3000 万美元。奥斯卡最佳导演芭芭拉·库珀最近发表了一部关于 YouTube 播主 Gigi Gorgeous 变性历程的纪录片，并在圣丹斯电影节上首映。

相同的一幕也正在电视行业上演。YouTube 创作者们不仅在电视节目中亲自出镜，还会担任编剧、制作，有时甚至是导演。瑞秋·布鲁姆凭借在音乐喜剧《疯狂前女友》（*Crazy Ex-Girlfriend*）里的出色表演获得了金球奖。她在颁奖典礼上感谢了与她共同创作这部剧集的艾莲·布罗什·麦肯纳，因为艾莲通过瑞秋上传到 YouTube 的搞笑音乐视频发现了她的演艺才能。伊萨·雷也走上类似的一条道路——她将自己的 YouTube 热门短

剧 *Awkward Black Girl* 改编成了 HBO（美国家庭电视台）剧集《不安感》（*Insecure*）。科琳·巴林杰扮演的丑角米兰达·辛斯在 YouTube 上大受欢迎，后来她把这个角色搬进了 Netflix 原创剧集《喷子滚开》（*Haters Back Off*），同时也担任了这部剧集的制作人。

如果上面这些人对你来说比较陌生，那你可能会对《综艺》（*Variety*）杂志最近的一项调查结果感到惊讶，后者调查了美国高中生最喜爱的名人，其中排名前六的都是 YouTube 播主，也就是说他们盖过了泰勒·斯威夫特、约翰尼·德普和莱昂纳多·迪卡普里奥等大牌明星。事实上，在墨西哥、巴西、英国和芬兰进行的类似调查也得出了同样的结果。在芬兰的调查中，前 20 位最受欢迎的名人里面有 12 位 YouTube 播主。

不过如果了解了这些年轻人跟他们最喜欢的 YouTube 播主之间的关系，你也许能明白为什么会出现这样的调查结果。我们曾经对 YouTube 上的千禧一代订阅用户做过调查，发现其中 40% 都表示 YouTube 播主会比自己的朋友和家人更理解他们。[①] 甚至有 60% 的受访者表示他们的生活或世界观被某位 YouTube 播主改变了。

可能这也是为什么传统电视明星越来越多地利用 YouTube 来笼络年轻观众群体。在 20 世纪 90 年代，深夜脱口秀是两大电视网的必争之地，它们会把自家的脱口秀定在同一时间播出，以争

① 作为两个女孩的父亲，我对此有切身体会。

夺对方的观众。如今，这个战场被转移到了线上，吉米·法伦、史蒂芬·科拜尔、詹姆斯·柯登、特雷弗·诺亚、萨曼莎·比和塞斯·梅耶斯主持的深夜脱口秀都开始在 YouTube 上不分时段地播出。事实上，深夜脱口秀这种节目形式本身也被改变了，从看似经过精心彩排的公关采访，变成了一段段可以在手机上利用碎片时间观看的滑稽小品。

体育领域也在经历类似的转变。YouTube 长期以来都是精彩比赛镜头的大本营，球迷们习惯在这里回顾前一晚的最佳灌篮镜头，或者最新的高难度射门动作。现在我们也越来越关注赛场外发生的事情，各种场外花絮和训练视频也开始在网上分享了。一些更具远见的体育联赛，比如 NBA（美国职业篮球联赛）和 NFL（美国国家橄榄球联盟），也陆续将经典比赛的录像放上 YouTube，让球迷们有更多方式享受自己热衷的运动。新一代的球迷可以轻易看到迈克尔·乔丹在巅峰时期的表现，就像了解斯蒂芬·库里一样简单。

即使是广告，也在互联网上找到了新的位置。你可能觉得广告在 YouTube 上可以跳过不看，但实际上每年最热门的 YouTube 视频当中就有很大一部分是广告内容。在打破了平均 30 秒的广告时长限制之后，新一代的“广告狂人”正在创作一些前所未有的精彩广告。曾经，人们唯一一次专门观看广告，是在超级碗比赛上。如今，他们每天都可以这样做。事实上，各大品牌已经开始在 YouTube 上提前放出它们准备在超级碗投放的广告，作为年度

“广告大战”的一部分，这样它们就可以选出最受观众欢迎的广告，并将其正式投放到超级碗上。

因此，YouTube 世界的边界要远远超出这处位于切尔西的片场，它贯穿了麦迪逊大道和麦迪逊广场花园，跨越了好莱坞、宝莱坞、瑙莱坞等电影产业重镇。从纳什维尔到柏林再到首尔，它连接了世界上每一座音乐之都。各国首都也在它的覆盖之下——发生在华盛顿、伦敦、布鲁塞尔和莫斯科的最新消息都被它收录在内。它吸引着全世界各个角落的人才，数以千万计的新晋创作者可能来自里约热内卢和内罗毕，迪拜和孟买，东京和特拉维夫。它甚至一直延伸到了过去，这里存放着迄今为止最完整的人类历史档案，小至日常的动物园之旅，大至历史性的登月之旅，都被记录在内。

YouTube 蕴含的巨大潜能正是吸引我加入的原因。之前，我曾在 Mutual Film Company（一家电影投资公司）和 HBO 工作过，后来跳槽到了 Netflix。在 Netflix 从一家 DVD（数字通用光盘）出租公司向流媒体订阅服务公司的转型中，我感受到了互联网可以为娱乐行业带来怎样的影响。然而，YouTube 的开放性、全球性以及无限的可能性让我坚信，它才是娱乐行业的未来。于是我紧紧抓住了帮助 YouTube 走向未来和吸引更多优质内容的机会。

现在是时候让我登上舞台，为我们顶尖的 YouTube 播主开启这场激发灵感的盛会了。在这里，他们将会听到科恩兄弟的创作心得，向阿兹·安萨里学习如何打造一个成功的节目——他们会跟端秋·雷一起在现场下厨，与《大城小妞》（*Broad City*）的女主角们探讨喜剧的发展趋势，还会跟 *The Moth* 背后的团队一同讲故事。我还有一个好消息要跟大家分享，全球最大的广告公司之一埃培智集团（Interpublic）刚刚宣布，它要将 2.5 亿美元的电视广告预算转投 YouTube。在电视收视率不断下降的同时，YouTube 的覆盖人群正在飞速增加，许多媒体从业人员都认为这预示着某种重大变革即将到来。

充分认识到这个趋势的我走到话筒前面说道："欢迎来到媒体世界最具影响力、最不同寻常的会场。"

第 2 章

争夺用户时间

让注意力成为变现工具

如果你在奥巴马当选美国总统之前就已经大学毕业，你现在可能已经产生了一些疑问——这一切到底是怎么发生的？Markiplier 和 ||Superwoman|| 都是什么人？这些创作者（其中有很多你可能从来没听说过）怎么能得到比演员更高的收入，登顶各大排行榜，举办卖座的演唱会，还采访国家总统和总理？他们一开始是如何聚集人气的？

这些问题反映出我们越来越看不懂大众都在看的内容。放在 20 年前，这个问题的答案很简单：我们看电视。即使在不远的 1998 年之前，每周平均有超过 20% 的美国家庭会看《宋飞正传》（*Seinfeld*），乔治、杰瑞、伊莱恩和克雷默都是大家耳熟能详的名字。但是自此以后，再也没有一个节目能够聚集如此庞大的观众群。事实上，要达到《宋飞正传》那样的普及程度似乎已经不可能了，因为现在已经有太多优秀的节目在争夺我们的注意力。

我们每天似乎都能发现新的剧集。仅在 2017 年，Netflix、Hulu 和亚马逊 Prime 等有线和数字内容服务就安排了超过 500 部原创剧集的首映（比 2009 年多出 300 部），更不要说每分钟都有超过 400 小时的视频被上传到 YouTube。

面对如此丰富的选择，观看相同内容的人变少了，就算要看相同的内容，我们也不是在同一时间观看。以前大家可能都是通过有线或卫星电视盒子发现新节目，并同时看它们的首映；现在你可能需要一台智能电视，或者订阅一个专门的内容服务。即便如此，你的进度可能还是要比天天煲剧的邻居落后 10 集。

进入 21 世纪以来，我们选择观看的内容、时间和方式都经历了翻天覆地的变化，而且这个变化速度似乎还在不断加快。如果你想理解这个变化，首先需要搞清楚你家附近的那个超级市场。

不知你是否注意到，你在食品杂货店货架上看到的商品，其实都是激烈竞争后的胜出者。超市货架上的一个位置，或者更好的是，沃尔玛或好市多这种跨国连锁超市里的一个货架，能确保数百万顾客有机会看到并最终购买你的商品。你可能听说过在线零售业现在的增长势头迅猛，但是世界范围内绝大部分消费行为仍然在实体商店内发生，而且将产品放进实体商店还是保证一定口碑和销量的最佳方式。

如果你想把自己的产品摆上货架，就要跟那些大型零售商进行谈判，而如果想在谈判桌上占据有利地位，最好的办法是将多个产品捆绑在一起。以快消品行业的宝洁和食品行业的雀巢为例，过去一个世纪以来，它们已经从产品种类单一、规模较小的公司，发展成规模庞大的跨国巨头，旗下拥有多个知名品牌和数千款产品。其中有些产品是它们自己研发生产的，但大多数产品是通过收购其他公司积累下来的。它们会利用自家最畅销的产品（比如汰渍和奇巧巧克力）来争取更好的货架位置，同时确保商家为它们不太知名的新产品预留库存位置。

不过零售商们可不会甘愿吃亏。看到对手越来越强硬的手腕后，它们也开始并购新的连锁商店，开拓新的市场，除了可以实现更大的规模经济以外，这样做还是为了向供应商争取更有利的谈判地位。它们可以利用这种优势做很多事情，比如限制新产品的库存，与供应商商讨更低的进货价格。这些谈判就像是生产商和销售商之间的拉锯战，双方都想在对方身上占到最大的便宜。

如今电视行业的运作方式与零售行业出现了惊人的相似。对于 Comcast 和 DirecTV 这样的有线电视和卫星电视运营商而言，它们只能在一个付费电视套餐里提供少量的频道，正如零售商在实体店面有限的货架数量。而福克斯和迪士尼这样的媒体公司会组成它们自己的系列频道（相当于货架上的商品），然后跟有线电视和卫星电视公司谈判这些频道的配置。

正如生产商和零售商的关系，超级市场的规则也同样适用于媒体行业。电视网络开始收购新的频道，例如 ABC（美国广播公司）收购 ESPN（娱乐与体育节目电视网），NBC（美国全国广播公司）收购 Telemundo[1]，从而大幅扩充自己旗下的节目阵容，这样就能提升它们对有线电视和卫星电视分发商的谈判优势。作为回应，有线电视和卫星电视行业也掀起了一波兼并热潮，从前这个行业主要由地方和区域性的公司组成，但现在它已经被少数寡头牢牢把控（如果你在购买有线电视套餐时试过货比三家，那你肯定知道消费者的选择其实很少）。

电视网络和分发商的兼并活动所导致的一个结果是，掌握在几个人手里的少数大型媒体集团决定了大多数人观看的内容。数十年来，这些巨头一直都是大众媒体的把关者。他们并非是被选举出来的，但他们当中的少数人（十个左右）拥有巨大的文化权力，能够决定人们可以生产什么内容，可以消费什么内容。

我们在电视上就能看到对这种情况的绝佳描写。《宋飞正传》里有一集内容令人印象特别深刻——乔治和杰瑞在会议室里向 NBC 的高层推介一个新的电视节目。杰瑞先开始解释这个节目的概念，但乔治却一脸自信地打断了他。

> “打扰一下，杰瑞……我觉得我能用一个词来总结这个节目，”他对 NBC 的高管说道，“一无所有。这个节目里面什么都没有。”
>
> “一无所有？”那位高管问道。

① Telemundo 是美国第二大西班牙语频道。

“一无所有。”乔治答道。

NBC 的高管并没有被这个想法影响。他一脸迷惑地问：“那我为什么要看它？”

乔治失望地回应道：“因为它是在电视上播的！”

“还没呢。”那位 NBC 的高管提醒他。①

在短短 10 秒的时间内，上面这段精彩对话就讲述了电视行业 40 年来的发展。乔治的说法没错：在 20 世纪 90 年代有线电视开始普及之前，大多数美国人都只能看到 4 个主要频道，其他国家的观众可能选择更少。这意味着在大多数情况下，电视上放什么，你就只能看什么，这种情况就跟你在本地超市买东西一样。有时候电视上会播《宋飞正传》这种广受好评的节目，但有时候也会有《贵公子乔》(*Joe Millionaire*) 这样的节目。

至于谁能决定电视上播放什么，上面的场景也很好地表现了这点：他们通常都是接受过高等教育的白人，在纽约黄金地段的办公室工作。如果你想制作一个电视节目，就要想办法进入这个办公室，向他们介绍你的想法。你要得到电视网络公司高管的首肯才能筹拍一集试播节目。根据试播的情况，不同试播节目之间需要互相竞争一个频道有限的播放时段。这个频道还要被收录在主流有线电视套餐之中，否则这个节目也没有机会被观众看到。

① 如果你对这个场景没什么印象，可以在 YouTube 上找到这个片段。

我上面讨论的是电视行业的情况，其实这种寡头垄断的模式也同样适用于其他大众媒体形式，比如电影、纸媒和音乐。只要存在有限的货架空间［包括放在实体货架上的图书、CD（激光唱片）和DVD，以及有线网络带宽或广播频段这种“虚拟货架”］，内容生产商和分发商就不得不为了内容的配置而互相拉锯，导致行业内出现更多的联合行为，少数把关者也会掌控更大的权力。

后来，互联网出现了。它带来了很多东西：电子邮件，即时消息，Pets.com。但互联网最重要的影响可能是带来了无限的货架空间。如果你想销售自己的产品，不需要费力争夺本地超市的库存，你可以选择在亚马逊或Etsy（网络商店平台）上寄售，甚至可以建立属于自己的网店。如果你想发布自己制作的音乐或节目，也不需要亲自去找位于纽约、洛杉矶或伦敦的音乐公司高管进行试演，将自己的作品上传到YouTube，就有机会触及超过10亿受众。你无须再费尽心思，只要拥抱视频朋客的信仰——独立发表作品，然后被大众发现。没有把关者可以把你拦在门外。

这种新的模式先从纸媒和博客兴起，到了2005年，它开始发展到视频领域。在一个天气阴沉的下午，两个好友站在圣迭戈动物园的大象展示前面拍下了一个片段，它后来成了一个新建视频网站上的第一个视频。视频里穿着大衣的年轻人叫贾韦德·卡里姆，他对着镜头讲了一个孩子气的笑话：“这种动物很特别的一点是，它们有非常非常长的……鼻子。”这是一个再普通不过的视频：用手持摄影机拍下的19秒片段，画面很不清晰，而且还有些抖动。

但是建立一个网站来存放这个视频的想法是相当了不起的，这个网站的创始人就是贾韦德和他当时在 PayPal（贝宝）的同事查德·赫利（Chad Hurley）、陈士骏（Steve Chen）。这个网站的强大之处体现在它的宣传语上：表现你自己（broadcast yourself）。只要在 YouTube 上分享关于你自己的视频，任何能上网的人都能轻易找到它。

虽然听起来难以置信，但是在 YouTube 出现之前，把自己拍摄的东西放到网上是极其麻烦的一件事。这意味着你要去本地的音像店，把录像带转成数字格式并刻录到一张 CD 上，然后付费将视频文件上传到私人服务器或托管网站上。说实话，可能你直接去找电视网络公司的高管还会来得更轻松一些。

但后来出现了一个愿意向任何人提供无限期免费视频托管的网站。YouTube 提供了即时的全球视频分发服务，让任何人都可以向所有观众分享内容——人人都能有一小块货架空间，或者一小段播放时段。自此以后，媒体行业开始改头换面。

数十年来，媒体行业一直奉行这样一个信念——为数不多的电视网络公司高层是最了解观众喜好的人。但随着 YouTube 和其他开放平台的兴起，我们已经认识到观众的兴趣要远比那些高管想象的更为多样和独特。我们也看到了观众非常乐于发现新的内容，而不是一味接受他人决定的东西。Markiplier 的游戏视频、||Superwoman|| 的短剧和 Pentatonix 的音乐就证明了这个世界的娱

乐人才不只存在于好莱坞，人们对娱乐的需求也不限于现有广播媒介的内容。

而且很多这样的独立创作者甚至能比专业人士做得更好！在某些时候，人们会更愿意收看 YouTuber 频道，即使已经有题材类似的电视节目。20 世纪 90 年代早期兴起的独立电影也说明了这一点：体制外的声音通常要比体制内的声音更具说服力。

我们原本以为媒体行业会跟其他行业不一样：自由市场的原则在这里不太适用，我们需要媒体大亨向我们赐予娱乐内容。但是开放平台上独立创作者们的成功表明，其他任何行业的经济规则也同样适用于媒体领域。

YouTube 刚上线的时候，我在 Netflix 工作。我最开始是从一家艺人公司的收发员起步，到后来先后供职于 Mutual Film 公司和 HBO。我加入 Netflix 的原因是我深信这家公司将彻底改变家庭娱乐，并取代百事达（Blockbuster）这样的录像租赁连锁店。到了 21 世纪最初的几年，这个愿景逐步实现了，但是当这家公司的 DVD 邮寄业务真正稳固下来以后，我开始感到一丝厌倦。

有一天，我的老板里德·赫斯廷斯要找一个人主动愿意负责领导一个新的编外项目：除了向顾客邮寄实体 DVD 以外，我们能不能让用户直接通过网络观看数字版的电影和电视节目？在

Netflix 主动提出领导新项目不算是一个明智决定，因为这家公司的文化强调坚持不懈的专注，对于核心战略以外的业务，它会毫不留情地砍掉。我们可能会在一个项目上花好几年时间，然后在某个短会上发现这只是个后备方案。但当时我很渴望挑战自我，所以请缨接手这个新项目——我是当时唯一主动举手的。

其实 Netflix 之前也研究过纯互联网业务的可行性，但是直到 21 世纪最初的几年，数据传输速度和带宽成本才终于达到一个合理的水平，让在线下载整部电影成为可能。我们最开始的想法是开发一个“Netflix 盒子”，让用户可以用它来通宵下载电影，然后在第二天观看。电影下载的授权是很难获得的，推出一款新硬件和相应的服务也同样不容易。不过到了 2005 年，我们的产品终于准备好上线了。

那时我第一次接触 YouTube。更准确地说，我看到的是清晰度极低的单板滑雪失误镜头和厨房失火视频，我还看到这些视频吸引了海量的观众——他们让 YouTube 成为互联网行业增长最快的网站。当时 Netflix（以及行业内所有其他公司）还在专注于为用户提供最高画质的电影，但 YouTube 证明了人们其实愿意牺牲清晰度以换取便利和速度。目睹 YouTube 的火爆对我来说是极大的震撼，这也是我们中止发布上述产品的原因。我们决定转型为一项让用户无须下载，直接远程点播电影的服务。我们花了足足两年的时间才完成了这次转型，在此期间不得不重新谈判之前取得的所有内容授权，并建立一个全新的架构来托管和提供内容。

我们还要将 Netflix 盒子从一个用于下载视频的硬盘变成一个视频流媒体硬件。[1] 但是最终我们在 2007 年推出的是 Netflix 流媒体服务，因为我们从 YouTube 上看到了这个方向的前景。

YouTube 每个月的增长似乎越来越快——它不断进入新的市场，视频观看量节节攀升，向它上传视频的人也越来越多。2011 年，当我离开 Netflix 加入 YouTube 的时候，每分钟有 40 小时的视频被上传到 YouTube。到 2017 年，这个数字增长了超过 10 倍。

YouTube 的免费全球视频分发概念固然十分超前，但我认为仅凭这点并不足以引领我们现今所处的视频朋客时代。||Superwoman|| 这些网红的成功，我认为还有另外三个核心要素。

首先是 YouTube 在发展初期就做出的一个决定：向创作者付费。

所有新媒体公司都会面临同样一个问题：如何提供能够吸引受众的内容？无论你做的是博客、杂志、电视网络，还是视频流媒体服务，这都是一个必须回答的问题。你首先想到的可能是花钱请一些专业人士来为你创作内容，然后利用现有的品牌帮你吸引流量。

YouTube 在刚起步的时候采用的方法也是大同小异。除了托管用户上传的所有视频以外，YouTube 还跟 NBC 和 College Humor.com 等大小公司签订了合作协议，它们可以从上传到

① 在推出流媒体服务的几周前，Netflix 将旗下的盒子业务分拆为一家叫作 Roku 的新公司。这再次证明了 Netflix 对其核心业务的潜心专注。

YouTube 的内容上获得一定比例的广告分成。

但后来 YouTube 做出了一个创新的决定：它在 2007 年推出了合作伙伴计划，将广告收入分成推广到所有类型的创作者，而不只是知名的媒体公司。如果你达到了一定数量的播放量或订阅量，就可以授权 YouTube 在你的视频中插入广告，你的频道流量带来的大部分收益都会归你所有。

刚开始的时候，建立合作伙伴计划并不是一个商业上的决定，YouTube 只是在兑现自己当初提出的“人人都能创作内容”的承诺。

媒体公司 Fullcreen 的现任首席执行官乔治·斯特洛姆波洛斯是 YouTube 合作伙伴计划的发起人之一。他告诉我，“YouTube 想确保自己可以成为新晋创作者的大本营，他们不仅可以在这里吸引大众的眼球，还有机会得到一些收入，甚至可以支持他们全职投入创作”。能让人们有机会获得受众是一回事，让他们赚钱又是另外一回事。

随着现在共享经济的兴起，Uber（优步）、Lyft 和 TaskRabbit 等公司对待非正式员工的方式也引起了大范围的讨论。不过在共享经济出现之前很久，我们就已经有了社交经济。社交经济的原理是，用户负责提供内容（文章、推文、图片、快照、短视频或长视频），这些内容会吸引大量受众观看，广告主付费在这些内容中间植入广告，向受众展示自己的产品。如果没有这数十亿受众的参与，这种社交经济将无以为继。但很遗憾的是，在社交经济领域，YouTube 是唯一一家会向所有创作者提供广告收入分成的公司。

仅仅过去了十多年的时间，YouTube 对合作伙伴的收入分成就已经达到一个相当惊人的规模。尽管每位创作者的收入有高有低，但是迄今为止我们已经为大大小小的内容创作者支付了数十亿美元的分成。这些资金帮助了许多新媒体公司的成长，比如 Vice、Buzz Feed 和 Fullscreen，也为传统媒体公司和唱片公司提供了有力的收入补充（我们仅向音乐产业的支出就达到了 30 亿美元）。此外，这些资金还催生了一些提供网络视频基础设施的服务，比如版权管理、数据分析和广告技术。

然而，YouTube 的收入分成体系带来的最重要的影响是，它解放了网络内容创作者这个职业。每个月，我们都会将收入分成打到全世界数百万创作者的账户中。这些收入能帮助每一位视频朋客开展他的事业，它将视频创作从一个爱好转变为一门生意。从前，只有少数人脉很广或者非常幸运的人才能进军娱乐行业；现在，几乎任何人都有机会走上这条道路。

有了充足的资金之后，创作者还能加大对视频质量的投入，而当时视频和音频制作的成本已经大大降低。在我看来，这是视频朋客能够走红的第二个因素。幸运的是，在 YouTube 成立的同一年，苹果决定为旗下的所有台式和笔记本电脑加入内置的 iSight 摄像头，其他电脑生产商也纷纷效仿这个做法。如果没有网络摄像头的提前普及，YouTube 早年的许多内容根本不可能被制做出来。

智能手机带来了视频拍摄的另一项革新——我们每个人手上都能拥有像素不断提升的摄像头。早在 2009 年，三星率先推出了能够拍摄高清视频的手机，这成了一个新的行业标准。不久后，美国运动相机品牌 GoPro 也推出了便携高清摄影机系列产品，它们实现了使用前所未见的视角拍摄视频，比如以老鹰视角在空中翱翔，或者与极限运动员一起从天空俯冲向地面。最近，搭载高清摄影机的无人机能够拍出从前只能用直升机实现的航拍画面。

时至今日，最高端的手机和便携摄影机可以录制从 4K 超高清到高动态范围再到 360 度全景格式的视频，这些已经超出大部分电视的显示能力。如果创作者还在使用低清晰度的网络摄像头拍摄视频，我相信他们当中仍然有人能走红，正因为他们可以轻松制做出高质量的片段，YouTube 才能迅速从一个业余视频网站进化成专业制作人的大本营。

智能手机的普及是推动独立创作者成名的第三个因素：手机摄像头让我们有了成为创作者的可能，而手机屏幕则让我们所有人都成了潜在的观众。你可能会说，“这没什么大不了的，拥有智能手机的人本来就可以看电视”。你当然可以这么说，但我们基本上已经习惯了与其他人一起看电视——你的室友、伴侣和家人都是和你一起看电视的对象，所以在家选择要看什么电视节目通常意味着选择妥协。

但是无处不在的智能手机和平板电脑让我们无须妥协。尽管这听起来好像有点自私，但你真的完全不用与任何人分享你正在看的东西［至少在现实世界里不用；如果遇到好的内容，你可能还是想把它分享到Facebook（脸谱网）上］。你再也不用陪弟弟看卡通片，陪爸爸看高尔夫球赛，在假期陪奶奶看你不喜欢的节目。你可以在任何场所观看自己想看的。

自由分发机制，稳定的收入来源，更好的摄影工具——这三个因素为创意人才铺就了一条新的发展通道。个人屏幕数量的爆发性增长则引入了一个新的需求来源。手机看视频将变成像看书一样的行为：你可以随时随地消费自己感兴趣的内容。我们的观看选择丰富起来以后，花时间消费相同视频和节目的人也变少了。这也是为什么现在的YouTube播主可以成为最受高中生欢迎的名人，但其他人却从来没有听说过他们的名字。

现在的竞争不再是争夺摆放在货架上或者加入有线电视套餐的权利，而是对观众时间的争夺。所有广告主、电视网络、新闻出版商、网络媒体、内容创作者和应用都在无所不用其极地争取你的注意力。一旦吸引了你的注意力，它们就能向你推销自己的产品或服务，或者向你展示广告，说服你去买其他的产品或服务。观众的注意力成了一种“变现”工具。

因此，如果说注意力是数字时代的货币，那么所有公司都应该关注人们最大的注意力来源——观看视频，这是人类消耗空闲时间最主要的方式。美国人平均每天会花5个小时观看视频节目，比这更花时间的事情只有两样：工作和睡觉。

每天花 5 个小时来看视频对你来说可能难以置信，但你可以想象自己平常的一天是怎么度过的。你从起床到上班前，电视上可能会放着《今日秀》（*Today*）或者《体育中心》（*Sports Center*），这段时间可能有半小时到一小时。除非你是自己开车，否则你可能会在上班路上阅读邮件，如果你戴着耳机，这段时间还可以塞进几个深夜节目的片段。到公司之后，你会在休息的间隙观看同事或好友分享的 YouTube 视频，或者你会查看 Upworthy 的最新内容，浏览 Facebook 的更新，这些能轻易占用你 45 分钟到一小时的时间。晚上下班回家后（路上又花了 10 分钟看视频），你在想晚饭该吃什么的同时几乎下意识地打开了电视，从几个 BuzzFeed Tasty 视频中寻找烹饪的灵感（又过去了 10 分钟）。你可能会打开电视，边做饭边看一场体育比赛，或者你可能更喜欢新闻节目，反正这基本上就把晚上 6 点到 8 点的时间填满了。晚饭过后（可能你还得先哄孩子睡觉），你就有时间连续看几集在 AMC、FX 或 Netflix 落下的电视剧。很可能你在睡觉前还会看一段吉米·法伦的最新脱口秀。

当然，以上只是粗略的描述，你平常的一天很可能不是这么过的，但我相信你肯定能从中找到一部分自己的影子。你可能在不知不觉中就看了 5 个小时的视频，其中有些分散在你每天的碎片时间之中，但大部分都是晚上的整块时间。

视频为王，它占据了我们大量的空闲时间，它的地位难以撼动。无论是处于风口浪尖的虚拟现实，还是在《精灵宝可梦 GO》

（Pokémon GO）出现后大受追捧的增强现实，这些都只能说明我们会在观看屏幕内容上花费更多的时间。我们的手机和平板电脑也难脱干系——每年，它们的屏幕都在变得更大、更亮、更清晰。另外，正因为品牌愿意在视频广告上花的钱远远高于平面广告，本来以文字新闻报道为主的杂志和报纸也在加大对纪录片和多媒体“讲解视频”的投入——后者是一种用通俗的方式讲解复杂话题的短视频。是的，总有一天，我们也会在自动驾驶汽车上看视频。视频就是未来。

我不是故意要构想出电影《机器人总动员》（*Wall-E*）里面的情景：所有人都只会躺在椅子上，目不转睛地盯着自己眼前的屏幕。但是这样也许能让你更好地理解为什么红牛和百事会成立视频工作室？为什么《纽约客》会在亚马逊 Prime 上推出自己的节目？还有为什么《时尚先生》（*Esquire*）会有一个电视网络。

这些新兴节目和视频的绝对数量可能会让你感到无所适从。但每当一种曾经选择有限的商品出现爆发性增长时都会呈现这样一个规律：消费总量变大了，但消费相同商品的人变少了。

二战期间，美国政府开始采购大量平装版的大众读物，以供远在海外作战的士兵消遣之用，因为它们要比精装书籍方便携带。激增的阅读需求也促进了谋杀推理小说和科幻小说这些新文学流派的形成，阅读经典著作的人也随之减少。

在 20 世纪 80 年代掀起的精酿啤酒风潮打破了百威、库尔斯（Coors）和米勒（Miller）等酿酒厂的寡头垄断，人们消费啤酒的总量提升了，喝 IPA（印度淡色艾尔）、琥珀和艾尔啤酒的人也变多了。[1]

音乐的消费和流派分化一直是互相助长的。黑胶唱片的出现不仅带来了唱片销量的激增，也促成了 R&B（节奏蓝调）和摇滚音乐的诞生。20 世纪 80 年代，广播电台的制式开始从 AM（振幅调制）转为 FM（调频调制），这项转变极大提升了磁带和后来 CD 的销量，也引领了新浪潮和嘻哈音乐的出现。到了今天，SoundCloud 和 Spotify 这样的流媒体服务向我们提供了前所未有的音乐选择，也孕育出了更多的小众音乐流派。在本书成稿时，Major Lazer 的“Lean On”是 Spotify 历史播放量排名第三的歌曲。这首歌的流派叫作“moombahton”，这种融合了浩室（house）和雷击顿（reggaeton）的音乐风格是在 2009 年才被创造出来的。

现在的视频也以同样的方式开始分化，让多种不同的声音和风格可以脱颖而出。我在上一章提到的许多拥有大量观众的视频朋客都属于这个行列，但这里面也包括像亨利·莱希这样的人。来自蒙大拿州的亨利是电影学院的辍学生，同时也是一名物理爱好者。他开设了一个叫作“Minute Physics”的 YouTube 频道，尝试用简单的方式来解释复杂的物理概念，比如薛定谔的猫。他制作的科普小视频已经为他带来超过 500 万的播放量。世界各地的观众不再每天等待那些“必看”的电视节目，他们可以欣赏亨利

① 作为捷克人，我不得不举一个关于啤酒的例子。

的视频，连看一整季的《权力的游戏》，点播一部《日瓦戈医生》（*Doctor Zhivago*），或者看一集《黑名单》（*The Blacklist*），选择实在太多了。

尽管现在的数字视频公司可能不愿意承认，电视仍然占据着每天 5 个小时视频时间里的绝大部分——超过 4 个小时。对于熟知 Netflix、YouTube、Hulu 和亚马逊 Prime 的我们来说，数字视频的占比可能会高一些。但我的观点是：要保持耐心。根据尼尔森的调研数据，电视收视率实际上在 2009 年重新回到了巅峰，而在此之前，这个数字已经连续增长了 50 年的时间。另一方面，数字视频消费也在以每年 25% 的速度增长。由于一个人每天能消费的视频时间终究是有限的，数字视频的增长意味着它占据的时间比重会越来越高。

如果你是一个刚刚起步的视频朋客，要怎样做才能抢到自己的那块观看时间呢？

第 3 章

制造互动

放大内容黏性和影响力

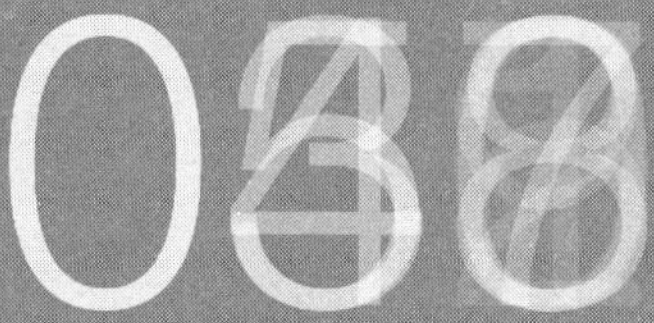

“我压根儿就不是一个喜欢站在舞台上的人。”汉克·格林在VidCon开幕的前一天告诉我。VidCon是由汉克·格林和他哥哥约翰·格林在2010年创立的网络视频大会。尽管这只是汉克发起的众多项目之一，而且他与镜头打交道的时间比大多数其他人都长，但他还是会有一点紧张。他的不安可能是因为2016年的这场VidCon对他来说有着非常特别的意义，这事关他所构想的网络视频未来能否实现。在这场大会的最后一天，他将公布迄今为止他做的最宏大的一个项目——互联网创作者联盟（Internet Creators Guild）。

这并非汉克首次尝试建立一个社区，但这可能是他最为大胆的一次尝试。他希望互联网创作者们（其中许多都还很年轻）可以明白自己作品的真正意义，这样他们就能更好地表现自己、提升收入。这也是汉克一个长久信念的体现——网络创作（包括博客、视频日志、推文、帖子、短视频、长视频、照片和快照）正处于朝气蓬勃的发展阶段，而它们的发展需要精心培育。

在阿纳海姆希尔顿酒店的套房里，汉克告诉我VidCon也是在同样的精神之下诞生的。“我之前觉得以后某个时候可能会出现一个以网络视频为主题的大会，”他说，“然后我意识到这肯定会很没意思！这将是一个由传统娱乐行业操持的浮夸聚会，它也不会很好地尊重粉丝和创作者的利益，这个想法让我十分郁闷。”

2010年，汉克也参加了几个大会，作为粉丝去了《哈利·波特》主题展和动漫展，以专业环保博主的身份出席了北美国际汽车展。他突然想到，他所构想的那种网络视频大会只能由他亲自实现。他把这个想法告诉了一位拥有相关经验的朋友，后者听完大为激动，当天下午就圈定了三个备选会场。

身为哥哥的约翰起初并不看好这件事。“别做这个，”他告诉弟弟，“你要付出很多努力，而且你不可能从中赚到一分钱。”但汉克没有采纳哥哥的建议，仅仅两周之后，首届VidCon在世纪城凯悦酒店成功举办，当时参会的有汉克和不太情愿的约翰，以及另外9位YouTube人气播主。尽管这是一场临时决定的聚会，但最终还是吸引了1500位观众的参与，而且幸好他们在最后关头敲定了一家赞助商，这场活动甚至实现了盈利。

6年过后，VidCon似乎已经初具规模。在大会开幕的前一天，阿纳海姆会展中心还是一片寂静，但很快将有3万人涌入这里的各个场馆，参加一场持续三天三夜的新媒体盛会。这里会有各种座谈会、表演、演唱会、演讲、品牌推广、粉丝见面会和签名会等活动，汹涌的人潮在这里自拍，在这里尖叫。相比之下，距离会场只有1英里之隔的迪士尼乐园就显得相当冷清了。

每一年，定点于阿纳海姆举办的VidCon都在不断扩大规模（2017年有超过3万人参加），现在这场大会也开始进入欧洲和澳大利亚等其他地区。除了自身的全球扩张之外，VidCon也启发了很多人在自己的国家举办网络视频大会，比如德国、加拿大、英国、法国、俄罗斯、墨西哥、巴西和亚洲的好几个国家都有类似的活动，每一场这样的大会都能吸引大批观众前来观看自己喜爱的网络视频明星。

但无论这场大会已经到了多大的规模，对于汉克来说，VidCon及同类活动的出发点从来都不是为了赢利。它的核心是搭建网络创作者和粉丝之间的桥梁，以面对面的形式展现网络社区的力量。"YouTube上的创作者可以看到自己作品的观看量，但很多人都不能真切感受这意味着什么，"汉克告诉我，"让创作者站在舞台上面对5000人，要比看到自己的作品得到5万观看量震撼得多。这能让你明白你所做的事情有多大的影响力。"

汉克最初是如何发现与粉丝面对面互动的重要性的呢？这要从他和哥哥参加的一次新书推广活动说起。

约翰·格林从小就志愿成为一名作家。他想写出像《他们眼望上苍》（*Their Eyes Were Watching God*）和《麦田里的守望者》（*Catcher in the Rye*）这样的作品，因为这些是他小时候最爱看的书。

“能够帮助年轻人形成自我价值观，教会他们如何面对爱与悲伤和人生中的重大问题，这对我来说是一种极大的荣幸。”约翰告诉我。

大学毕业后，约翰发现职业作家的道路并不好走，于是他接受了一份临时工服务中介的工作，同时好好考虑自己未来的出路。后来，他通过这个中介中心找到了一份《书单》（*Booklist*）杂志社的工作，这是一本帮助图书管理员挑选藏书的书评周刊。事实证明，这份工作非常适合他，因为他可以在那里尽情阅读各种青年小说，他说“我是《书单》杂志社里年龄最接近‘青年’的人了”，还能认识许多能帮助他提升写作能力的作家和编辑。

在《书单》工作4年后，约翰出版了他的处女作《寻找阿拉斯加》（*Looking for Alaska*），这本青年小说讲述的是一个在寄宿学校上学的男孩（基于他年少时的类似经历）迷恋一个神秘女同学阿拉斯加的故事。虽然这本书赢得了青年小说领域的最高殊荣迈克尔·普林茨奖，但它并没有登上畅销书排行榜。他的下一部作品 *An Abundance of Katherines* 也入围了普林茨奖，但是销量更为惨淡。

在第二本书出版后不久，约翰决定与汉克开始一项试验。自约翰开始上寄宿学校以来，这两兄弟一直就聚少离多。他们经常使用电子邮件和即时通信软件保持联系，但每年可能只会打一两次电话。为了拉近两兄弟之间的距离，约翰提出了一个名为“Brotherhood 2.0”的试验：在一年的时间内，他们将停止其他所有联系方式，只在每个工作日为对方录一段 YouTube 视频。约翰和汉克不是最早的视频日志创作者，但他们成了最早的“视频日志兄弟”（vlogbrothers）。

他们最开始交换的视频都比较私密，而且剪辑粗糙，内容宽泛。比如约翰在 1 月 8 日谈到了自己的牙科手术，在 1 月 10 日计算了自己的碳足迹；汉克在 1 月 17 日教约翰怎么搭一个纸牌屋，在 2 月 8 日讲述了自己关于死亡的冥想。这项试验并未在外界掀起什么波澜。

“在前 7 个月里，我们的观众都是青少年，或者是喜欢我的书的图书管理员。”约翰说道。但是在几个月后，有一件事让他们认识到了这个不大但热情的群体的力量。有段时间，约翰和汉克对目前运作良好的国际发展项目进行过一些调查，并开始对小额信贷的概念产生兴趣。小额信贷的意义是通过向穷人提供少量的贷款来帮助他们脱离贫困。他们开始接触一家叫作 Kiva 的非营利组织，人们可以通过这个平台向需要小额信贷的人提供贷款。他们向 Kiva 提出要去探访部分获得资助的人。在 Kiva 工作人员的带领下，约翰和汉克来到了多米尼克共和国，并用他们的视频日志讲述小额信贷的概念以及 Kiva 正在做的工作。在这些视频日志上线后的几天之内，Kiva 就收到了大量来自他们粉丝的捐款。Kiva 告诉这两兄弟，他们的影响力“比奥普拉还大”。

格林兄弟的粉丝群体一直增长缓慢，直到有一天，汉克的一个视频（一首关于《哈利·波特》的歌）登上了 YouTube 的首页，仅仅这个视频就为他们带来了 7000 名新订阅用户。而且更棒的是，因为这些新增订阅者大部分都是《哈利·波特》的忠实粉丝，所以他们本身就熟知如何成为一个社区的一分子，他们也丝毫不会掩饰对自己喜爱作品的热情。换句话说，他们不怕被别人看成是宅客（nerd）。

“宅客”是约翰和汉克希望重新定义的一个词。根据他们的解释，宅客并非一群不懂社交的闷孩子，也不是因为无法与真人打交道才沉迷于网络世界。事实上，他们是勇敢向外界宣布自己热爱某种事物的人，即使对完全陌生的人也是如此，而且他们也乐于为自己热爱的事物付出心血。

宅客们不会用自己反对的东西来定义自己，也不会通过冷嘲热讽来掩盖自己的不安全感，他们会围绕自己喜爱和赞美的事物建立自己的身份认同感。2009 年，约翰在“vlogbrother”频道的一个视频中讲述了自己对这个标签的认同，后来这段话被无数个 Facebook 涂鸦墙和 Tumblr（汤博乐）页面引用：“我们不一定要这样……‘我喜欢那个乐队的早期作品’。宅客们可以有自己热爱的东西！一种让人手舞足蹈、不能自已的热爱！汉克，说一个人是‘宅客’，意思是‘你有自己喜欢的东西’，这听起来完全不像是冒犯！就像是在说‘你对人类意识的奇迹过分狂热’。”

有一天，约翰在拍摄视频日志期间滞留在了萨凡纳机场，于是他走进一家游戏室打发时间。他在那里发现了一台老式街机游戏机，上面用一种难以辨认的字体写着“Aerofighters”。“这个游戏看上去好像叫作‘Nerd Fighters’，”他在视频里说道，“这是我最喜欢的一种战士！”尽管格林兄弟没有做出任何表示，但他们的粉丝群体自觉接受了这个名字，开始自称为“宅客战士”（Nerdfighters），因为他们是理性主义和少数爱好的捍卫者。[①]

———

围绕积极心态和共同爱好来建立社区的想法并非偶然，而是在对草根运动延续方式的深刻理解之上得出的。这是汉克在第一次成为网络名人时学会的，当时他还远远未开始建立 vlogbrothers 频道。

汉克大学毕业后住在奥兰多，跟其他任何在奥兰多待过的人一样，他也逐渐开始讨厌 4 号州际公路——这是一条贯穿市中心的主干道。这条道路在当初设计时没有考虑到奥兰多后来的发展规模，导致现在的交通堵塞问题严重。但是汉克对 4 号州际公路的厌恶不止于此，作为一名年轻的环境科学家，他也很讨厌以车代步的生活方式。比起堵在路上发脾气，他选择了更有组织的方式来尝试解决这个问题。他建立了一个名为“IHateI4.com”的网

① 在约翰 36 岁生日那天，汉克把约翰当时看到的那台游戏机买下来送给了约翰。现在它被安放在约翰办公室一个醒目的位置。约翰和他的两位员工一直保持着这个游戏的世界最高分纪录。“这其实有点不公平，因为只有我们在玩这个游戏。”约翰说。

站，上面详细列出了这条州际公路上的严重堵塞点。他的举动得到了奥兰多当地电视台晚间新闻栏目的报道，当地报纸《奥兰多哨兵》（*Orlando Sentinel*）也为此写了一篇专题评论。

不久后，IHateI4.com 设立了一个论坛，吸引了许多同样讨厌这条公路的人，但是他们讨厌的事情可能不尽相同。他创造了一个充满责难的社区。“所有人都在埋怨其他人，”汉克说，“他们不是在讨论交通政策，而是互相指责，老人、年轻人、白人、拉美人，到底谁才是不会开车的人。事实是这样的，要建立一个反对某种事物的群体很容易，但这种社区往往会自我毁灭。”

这是一个很有启发性的想法，尤其现在我们的许多文化和政治对话都是围绕某种形式的反对展开的。不平等问题是经济讨论的一个永恒主题；移民和难民问题让美国与欧洲的政治体系陷入动荡；而歧视问题，无论是针对种族、宗教信仰、文化、性别还是性取向，似乎在世界范围内仍然挥之不去。以反对为主导的运动一定会迅速蔓延，这对娱乐行业来说是极具吸引力的。

但至少在 YouTube 的世界里，汉克的观察似乎更为准确。无论是宅客战士、争取同性恋权益的人、自然头发运动的支持者[①]，

[①] 多年来，黑人女性留自然头发会被看成是不整洁的行为，还有可能被辞退或退学，甚至被美国政府罚款。自然头发运动提倡黑人女性留自然的头发，拒绝在社会压力之下做直发或其他化学处理。这项运动在 YouTube 上得到了很多人的支持，比如 The Chic Natural 这样的形象导师会鼓励女性接受自然的外貌，并提供形象打造的建议。在这项运动的影响下，许多学校和工作场所都撤销了那些歧视性规定，直发膏的销量直线下降。

还是成千上万的创作者带来的数百万粉丝，YouTube 上多数成功社区都是在赞美某种事物。总体而言，粉丝们聚集在一起是为了欣赏自己喜欢的东西，而不是表达自己的不满或者发泄怒火。针对视频表达的愤怒似乎会很快消退。

不要误会，YouTube 自身也有引战（trolling）和攻击言论的问题。但约翰和汉克之前所做的事情，无论是制作内容、建立社区，还是创办 VidCon，他们证明的最重要一点是：YouTube 是一个可以给人带来高度归属感的地方。

至少在宅客战士社区里，汉克和约翰已经将这种归属感转化为了一个展现包容和理解的论坛[①]，同时鼓励这些社区成员为有价值的事业提供支持。宅客战士们为小额信贷组织 Kiva 筹得了超过 400 万美元，其中大部分都被用作支持发展中国家或地区的女性创业者。

宅客战士们每年都会开展 Project for Awesome 活动，这是一场持续 48 小时的视频马拉松，社区成员会通过视频介绍他们最喜欢的慈善机构，以此帮助这些机构筹集资金。2016 年，Project for Awesome 向数千位捐赠人筹集了超过 210 万美元，这些款项被用于资助健康伴侣（Partners in Health）和救助儿童会（Save the Children）等多家慈善机构。

不过将宅客战士们描绘成募捐人员似乎不太准确。他们发挥

① 他们制作了一个时长接近 8 分钟的调查视频，其中详细探讨了美国医疗费用如此高昂的原因，这成了他们最热门的视频之一。

着跟约翰和汉克这两兄弟同样重要的作用。他们的评论是新视频甚至是新频道的灵感来源，他们创造的内部笑话和粉丝画作能更好地维系这个社区，他们的资金支持（常见的形式是捐赠和购买周边商品）也为两兄弟的创作提供了动力。

“你们应该对这种说法不陌生：年轻人只会对娱乐消遣感兴趣，不会在意他们自身以外的世界，”在 2015 年一场 YouTube 赞助的活动上，约翰对台下的一群广告主说道，“但我看到的却是另外一种情况。尽管外界一直在谈论年轻人如何孤僻，但是他们已经在网络上创造了一个精彩纷呈、引人入胜的世界。在这个世界里，他们不只是内容的消费者，更是以社区成员的身份融入其中。他们的评论、文字、画作和热情已经对大众文化产生了深远影响。”

千禧一代并非毫无作为的懒虫，而是积极的贡献者——这种想法是我当初加入 YouTube 的一部分原因。随着我对这个平台的了解不断加深，就越发觉得人们使用它的方式跟我想象的不一样。最初，我以为 YouTube 只是更碎片化的电视，里面都是一些短小的猫狗片段、失误镜头和舞蹈视频。也许很多人都这样认为，但 YouTube 还是一个让创作者和粉丝建立紧密联系的地方。跟我随便看一集《丑闻》（*Scandal*）的心态不一样，这些粉丝在这里不只是为了寻找娱乐，他们是在寻找一片属于自己的地方。

从某种意义上来讲，视频的观看量并不能真正展现 YouTube 的特别之处。执着于观看量意味着这个平台只在乎什么内容可以被更多的人看到。网络视频的真正力量不在于它本身能吸引观众，而是它能吸引观众去欣赏创作者的其他作品，为它们点赞，写出发自内心的评论，或者为了不错过最新的视频而订阅一个频道，他们可能会购买创作者的周边服装，可能会参加粉丝见面会，也有可能创作自己的视频。"我不在乎有多少人看过我做的视频或写的书，"约翰说道，"但我关心有多少人喜欢我的作品。"

了解到这种魅力以及它对创作者的影响之后，我对 YouTube 的看法有了很大改变。2011 年来到这家公司时，我最先想做的是帮助其他人去理解这种热情。我希望向汉克和约翰这种已经在 YouTube 上拥有大批粉丝的创作者投资，帮助他们扩大自身的影响力，同时我也邀请了一些本来就家喻户晓的大人物加入——Jay Z、法瑞尔·威廉姆斯、托尼·霍克、麦当娜、艾米·波勒。我们把这些频道称为"原创频道"，YouTube 为此投入了 1 亿美元的巨款，希望它们可以提供一些不同于主流网络视频的专业内容。

跟许多重要举措一样，这个项目也有它的成功和失败之处，而且形式是我们没有预料到的。它让广告主更重视这个平台，为我们带来更多的收入，我们可以把这些资金重新投入到平台的发展上。另外，它也改变了观众对我们的看法，让他们知道 YouTube 不只是一个传播热门视频的地方，还是支持专业频道持续产出内容的平台。

但也有很多观察者准确指出，这些名人频道未能很好地在 YouTube 上立足。我们很难让 Jay Z 或麦当娜的粉丝在网上追随自己最喜爱的偶像，因为这些名人显然不会把自己的创作重心放在这里，他们对 YouTube 的投入更像是一个试验项目，并没有期望他们的粉丝会每天或每周关注这些频道。运营一个成功的 YouTube 频道需要持续不断的付出，包括频繁的内容更新和粉丝互动。这对任何人来说都是非常高的要求，更何况是这些全世界最知名的明星。

但是从原创频道的尝试中我们得出一个明确的结论：向成长于 YouTube 的创作者和公司投资无疑是非常值得的。你可能没有听说过 Maker Studios、Fremantle Media 和 Studio Bagel 这些网络电视公司，但是它们在得到我们的初期投资后，相继以数亿美元的价格被迪士尼和 Canal+ 等媒体巨头收购。我们投资的其他原创频道，比如 AwesomenessTV、Tastemade 和 Vice，它们本身也成了举足轻重的媒体公司，分别在家庭娱乐、美食和视频新闻报道领域处于领先地位。当然，这个原创频道项目也帮助约翰和汉克建立了两个大受欢迎的教育频道。

我们向这两兄弟提出了一个简单的问题：“如果有更多的资金，你们会做什么内容？”于是他们就有了建立上述两个频道的想法。这两兄弟在他们的 Brotherhood 2.0 视频日志试验中也做过一些教育视频（“如果要在一年内每天坚持做一个视频，你就会尝试任何你能想到的东西。”汉克解释道）。虽然这些视频制作起来比较困难，因为需要长时间的资料搜集工作，但是它们在 vlogbrothers 频道中很受欢迎。在获得了足以招募写手和员工的资金之后，教育内容自然就成了这对宅客兄弟的下一步尝试。

他们向我们提出了两个节目，一个叫作“*SciShow*”，另一个叫作“*Crash Course*”。*SciShow* 是一个围绕科学问答展开的节目，比如“为什么回旋镖可以飞回来”① 和“雀斑是怎么来的”② 这样的问题；*Crash Course* 的目标更高一些——为高中学生讲解化学和世界历史等大学预修课程，相当于把课本装进寓教于乐的视频当中。我们决定同时资助这两个节目。

现在，汉克每天都会在蒙大拿州米苏拉的工作室与两位嘉宾主持一起制作最新的 *SciShow* 视频。*CrashCourse* 则由两兄弟共同制作，汉克负责讲解科学课程（他拥有生物化学和环境科学专业的学位），约翰负责人文学科。

约翰的视频是在位于印第安纳波利斯的工作室制作的，你能从他的摄影棚看出这些视频的制作成本有多低。拍摄设备方面，他们只有一台几千美元的摄影机、一台用 iPad 充当的临时提词器、几盏落地灯和一个临时搭建的场景。制作团队成员只有约翰、一位摄影师、一位剧本指导和一位写手（“即使是这样，我们有时也会觉得太拥挤了。”约翰表示）。

现场没有导演喊“开拍”，不同镜头之间也没有间断，只有约

---

① 回旋镖的两个飞翼会以不同的速度旋转，由此产生的扭矩使它可以沿着曲线飞行。

② 人体内的 MC1R（黑素皮质激素受体）基因不活跃会增加褐黑素的生成，导致皮肤上出现小块的深色斑点。

翰一边使用藏在镜头外的iPhone控制提词器，一边快速朗读脚本。他通常都穿一件POLO衫，拍摄场景也不算正式，除了偶尔开一下玩笑，他在录制过程中会一直保持非常认真的态度。在录制一段关于足球的片段时，我听到他为了读好一个句子，不惜在12秒内重新开了18次头。他的摄影师会决定选出哪些有用的片段，然后把其他内容全部剪掉。最后，时长大约45分钟的素材被剪辑成了一个不到6分钟的视频。

这两个教育频道的发展速度超出了格林兄弟和YouTube的预料，它们的订阅用户加起来超过了1000万。*Crash Course*被收录到了世界各地的高中课程中，这为许多负担不起最新教科书的学校提供了莫大的帮助。*SciShow*衍生出了三个新频道，一个专门讨论太空话题，一个专注于心理学，还有一个频道面向儿童（*Crash Course*也有一个儿童频道）。

2013年，格林兄弟为*Mental Floss*杂志开设了一个频道，由约翰和汉克负责主持与制作，他们会在这个频道提供一些盘点视频和问答节目。2014年，约翰的妻子莎拉也加入这个行列，开了一个以现代艺术为主题的频道*The Art Assignment*，她会在视频里给观众“布置作业”，让他们临摹一些知名的绘画和雕塑作品。

每年，格林兄弟团队都会孵化一两个新项目，包括一个性教育短片系列（*Sexplanations*）、一个健康频道（*100 Days*）和一个每周播客节目。所有这些频道在成立之初就非常重视社区互动——以*100 Days*为例，这个频道的内容是约翰讲述自己如何健康地度过中年危机，它会向粉丝提供一些锻炼项目清单和营养摄入建议，让他们也能跟约翰一起保持健康。这些频道都得到了成立超过十年的宅客战士社区的支持。

这些年来，这个社区也出了几位比较有名的成员，其中最有名的一位叫作埃丝特·厄尔。埃丝特从小患有甲状腺癌，她一直需要依赖氧气瓶生存。年纪轻轻的她就与绝症相伴，还要面对生活中的种种不便和严重症状，但是她从宅客战士社区寻找到了慰藉，因为这里属于那些乐观积极却无法轻易融入身边环境的人。

作为这个社区的活跃成员，埃丝特帮助其他社区成员树立了对待残疾和疾病的正确态度，也从他们身上得到了关爱与支持，约翰在这个过程中还与埃丝特成了网络上的好友。2009 年，他们在波士顿的一场大会上初次见面，后来约翰还拜访了埃丝特的父母。他们的友谊在宅客战士社区中有着非常重要的意义。2010 年 8 月 3 日埃丝特 16 岁生日时，约翰将这一天定为“埃丝特日”，这是一个专门向家人和朋友表达爱意的日子。不幸的是，埃丝特在这个视频发布三周后就病逝了，之后每年的这一天都仍然会被这个社区铭记。

约翰与埃丝特的友谊为他带来了第 4 本小说（《无比美妙的痛苦》）的灵感，讲述的是两个患有癌症的年轻人的爱情故事，其中海蓁这个角色的原型就是埃丝特。这本书于 2012 年出版，当时埃丝特离开了不到两年，也是 *Crash Course* 和 *SciShow* 推出满一年。这本书刚问世就进入亚马逊和巴诺书店的畅销书名单，部分原因是约翰提前向自己在 YouTube 上的观众朗读过这本书前两章的内容。[①]《无比美妙的痛苦》一开始发售便登上了《纽约时报》青年小说畅销书榜，直到今天，它和约翰的另外 4 本小说仍然雄踞在这个榜单上，而它在一周之内的销量超过了约翰前面三本小说的总和。

无论从哪个角度来看，这本书都是成功的典范，它在世界范围内卖出了 2000 万册，销量超过《傲慢与偏见》（*Pride and Prejudice*）和《愤怒的葡萄》（*The Grapes of Wrath*）。2014 年，这本书被改编为一部电影，由谢琳·伍德利和安塞尔·埃尔格特主演，刚上映就登上了美国票房第一的宝座，击败了汤姆·克鲁斯主演的大片《明日边缘》（*Edge of Tomorrow*）。这部感人至深的电影在上映期间收获了 3 亿美元的票房。我带两个女儿去看这部电影时，我们都哭了，但我是最泣不成声的那个。

在这部电影成功之后，约翰的第三本小说《纸镇》（*Paper Towns*）也被改编成了电影，并由他亲自担任执行制作人。凭借这份经历，他本可以轻松进军电影行业，但当被我问及这个发展可能时，他不假思索地给出了否定的答案。“如果说好莱坞有什么好处，那就是它让我更喜欢 YouTube 了，”他说，“*Crash Course* 的成功比我职业生涯的其他任何成就都更能让我开心。”

“不要误会，我是个电影迷，而且我也很欣赏电影表现出来的

① 他还为第一版的 15 万册书提供了亲笔签名，连续花了三个月的工作时间才完成这些签名，他的手还因此出现过度劳损，需要进行物理治疗。

张力。我的小说改编成的电影都很棒，我很喜欢，而且它们在商业上也取得了巨大成功。但是之后我还是回家继续制作我的 *Crash Course* 和 *The Art Assignment*，因为这是我想一直做下去的事情。我想写书、制作 YouTube 视频，成为电影制作人并不是我从小想做的事情。”

在酒店房间会见汉克的三天后，我来到了阿纳海姆会展中心的主场馆，在一侧的座位上观看由汉克和约翰主持的宅客战士年度线下聚会。他们坐在台上一起回答粉丝提出的一连串问题（“你们在 YouTube 上做过什么既开心又有罪恶感的事情吗？”“你们更愿意在一张放满捕鼠器的床上醒来，还是一丝不挂地在一家星巴克门店里醒来？”）。身穿夏威夷衬衫的汉克没有留胡子，发型也打理得干净清爽，约翰则留着几个星期没刮的胡茬，穿着一件 AFC 温布尔登足球俱乐部的球衣，这是他赞助的一支英甲足球队。

如果你去过 VidCon 的现场，首先会注意到的是现场非常喧闹，每当创作者在某个场馆出现时，身后总会簇拥着一群粉丝，他们发出的阵阵尖叫会在空旷的场馆内回荡。相比之下，聚集在大厅的宅客战士就像是一片绿洲，数百位年轻人基本一直端坐在自己的位置上，倾听约翰和汉克的讲话。我环顾整个会场，发现他们也把这里看成是一片属于自己的绿洲。我看到头戴猫耳的女孩，穿着男性化的女孩；画着眼线的男孩，戴着棕熊头套的男孩。跟我坐在同一排的一个女孩手里一直紧紧攥着一本《无比美妙的痛苦》，我可以从中看出她当时有多兴奋。正当汉克谈到自己在白宫采访奥巴马的经历时，一个戴着金色假发和精灵翅膀的男孩从我身边走过。

如果你听说过青少年和网络文化的相关内容，你了解到的可能是其中的阴暗面。你可能知道网络骚扰和欺凌行为，以及入侵手机、人肉搜索和引战言论。但它其实还有另外一面，因自身与外界差异而羞于社交的人可以在网络上相聚，互相接纳和理解。

我们的内心深处都渴望有这样一个世界：我们可以拥有共同的观点，我们的经历可以收获共鸣，我们的感受会被重视。事实上，我们的确活在这样的一个世界里，它只是被人与人之间的距离和冲突掩盖了。

YouTube 最美好的一面就是那个世界的模样。在这里，你能发现别处难以见到的包容性；你能遇到外表、思想和爱好跟你相似的人——他们可能已经解决（或者正在解决）你遇到的同样的问题，但你也许不能在同学或邻居中找到这样的人。YouTube 能让你明白：你不应为自己热爱的事物感到羞耻，理性主义是值得追求的，疾病并不能决定你的身份，即使是不幸早逝的人，也能产生无比深远的影响。

在提问环节结束后，约翰和汉克站起来讲出活动的结束语。“当我还小的时候，”汉克说道，“我记得我把很多时间都花在了上网交友上面，我过了好一阵子才意识到，这样做并不是因为我是一个失败者，我是在跟拥有共同兴趣和价值观的人交朋友。”他和约翰向粉丝们表达了衷心的感谢，正当他们要挥手告别时，粉丝们纷纷站起来涌向舞台。绿洲消失了。

在这边的大会结束后，我坐上汉克的高尔夫球车穿过会展中心，迅速来到了另一个巨型舞台。他几天前还向我坦承自己完全不敢踏上这个舞台，不过几分钟后，他还是会上台向数千人宣布互联网创作者联盟的成立和正式运作。现在的他一脸平静，我已经看不出他的怯场。他在后台时而跟其他创作者打招呼，时而随意地坐着看一旁的监视器，听听在他之前上台的人在讲什么。

他的助理突然走过来在他耳边说了几句。他转过头来向我解释道：“你会喜欢这个的，我们的网站宕机了。”由于系统错误，联盟的官网在离正式公布还有几分钟的关头竟然无法访问了。

汉克在这个时候仍然能保持镇定，可能他觉得与他的想法本身相比，今天的公布其实没有那么重要。之前他在酒店房间已经跟我讲过他对这个联盟的愿景。“现在，如果你把所有这些创作者都看成是一家公司的员工，那么这将是全硅谷发展最快的公司。”他说，“但是要形成一个庞大的产业，需要几十万从业者都能专业地去做这个事情，这就是我眼中的未来。”汉克不是想成立一个工会或者利益集团，他想为整个互联网创意产业的未来打下基础。

由兄弟两人组成的创意组合总不免会被人拿来比较。毫无疑问，约翰的成就和知名度都要高于他的弟弟汉克——约翰或许是史上最成功的 YouTube 播主。但是约翰告诉我，他一直都在仰望自己的弟弟，他说汉克总是能发现一些巨大的前景，比如 VidCon，这是他不具备的能力。约翰还称赞了汉克的坚持不懈和领导能力。听完这些，我不禁想到：汉克如此努力地为互联网创作正名，他最终产生的影响也许能与他哥哥的影响一样深远。

时间在后台一分一秒地过去，但就在汉克上台前的几秒钟，他的团队成功修复了系统错误，联盟的网站恢复正常，准备好公布上线，接受新用户注册。这个时机来得太巧了，就像是在预兆着某个重大事件将要发生一样。

第 4 章

自制内容的爆发性传播

追求真实性和新鲜感

060

在我看来，能够建立一个狂热的社区也许是新媒体时代的一项绝技。汉克和约翰的社区始于一群认为自己被误解的人，格林兄弟为他们带来的是一种可以倚仗的精神，以及一系列持续产出、直接面向他们的娱乐内容。

但是如果这些内容没有体现出约翰和汉克的真实个性，或者不符合观众的真正兴趣，他们也做不到上述的事情。“真实性”是在新媒体行业被反复强调的一个词，在人人都能在社交媒体上编织一个虚假形象的今天，真实感和亲近感只会变得越来越重要。这方面做得最好的创作者当属泰勒·奥克利，他是一位 YouTube 播主兼社会活动家，还曾经被《时代周刊》（*Time*）评选为最具影响力的网络人物之一。

“在座的各位有没有会做视频的？”在一个初秋的晚上，泰勒对着台下 300 多位学生问道。跟他一起坐在台上的是他的挚友兼搭档科里·库尔（Korey Kuhl）——他们正在参加由弗吉尼亚联邦大学活动规划委员会组织的“泰勒·奥克利之夜”。活动的场地不大，简单的舞台上只有一个主办方标志的投影。在回答这些学生的提问时，科里向后靠在椅子上，泰勒则跷着腿坐着。表面上，这场活动是为泰勒的新书《Binge》做推广，氛围十分轻松，而且这本书已经占据畅销书榜接近一年的时间，所以他们应该更看重与观众的交流，而不是向他们卖书。

在泰勒提出那个关于视频制作的问题后，大约有十个学生举起了手。他扫了一眼台下，紧接着问了下一个问题："有人想开始做 YouTube 视频吗？"这次举手的人多了一些，大概有 30 个。"如果你想做，那很简单！"他说，"你只需要做出你的第一个视频，然后你就是 YouTube 播主了。"

尽管泰勒如此轻描淡写地描述了自己所从事的职业，他还是给出了一些忠告。"但是你要知道，你的第一个视频将会是你这辈子看过最难看的东西。你会讨厌自己的声音，自己的样子，还有你所做的一切。我回看自己的第一个视频时只会想到……"他突然换成了一种自嘲的语调，"原来我是这样的一个人！"

他的诚实引发了台下的一阵笑声。接下来，他继续用一种如同意识流的语言快速给出了成为 YouTube 创作者的一些建议。"你在制作视频的过程中会变得越来越熟练，你会找到自己的定位，会慢慢掌握怎么说话，怎么剪辑，怎么做到不用把摄像头放在一堆书上面，不过我现在偶尔还是会这样做。"

不过他用全场最精辟的一句话结束了这场活动："你不用做出多精致的作品！"他说，"你只需要做更好的自己。"

在超过十年的时间里，泰勒·奥克利一直在做更好的自己。2007年，他还是密歇根州立大学的学生，他的YouTube播主生涯就是在一个堆满快递包裹的宿舍里开始的。现在的他可能不敢点开当年的视频——低清网络摄像头拍摄的质量十分糟糕，他身后的双层床在画面上清晰可见。但即使是这些最早期的视频，你也能从中感受到他为此倾注的心血。它们都经过了精心的剪辑和配乐，泰勒还会在视频里加入一些独白、经过消音的定格镜头和丰富的面部表情。视频里的他就像是一个大胆活泼的高中生，乐于向其他人表现自己。

就在泰勒参加弗吉尼亚大学的那场活动几周之前，我来到西好莱坞，在他家附近的一家咖啡馆跟他见了一面。他向我讲述了自己从那些早期视频一步一步成为超级网红的历程。他告诉我，他在开设这个频道时没有想过会把它当成一份事业，只是想找到一种与高中好友保持联系的方式。“我的视频真的只是做给三个人看的。”他说，“我想告诉他们我的一些生活琐事，给他们展示我的宿舍，聊一下我的入学周，都是这些东西。那时候我真的不能理解为什么会有不认识我的人来订阅我的频道。”

这些宿舍视频中的泰勒戴着一副平平无奇的金属边框眼镜，一头金色短发也毫不起眼，如果把他放在一群大学新生中间，你可能都认不出来。但是现在的泰勒换上了一副厚重的黑框眼镜，原本金色的头发也会不时被染成蓝色，一眼就能给人留下深刻的印象。身高一米六五的他看上去似乎要比视频里更矮一些，不过我后来渐渐发现，YouTube 播主就像电影明星一样，他们的真实身高总是跟你想象中的有出入。

“在后来几年的时间里，”他说，“我一直在制作内容，也慢慢意识到确实有一批观众在看我做的东西，但我没有怀着多大的责任感去做这件事情，我从来没有想过这会成为我的全职工作。”事实上，他还凭借自己的视频经历得到过一份学校提供的工作——为学校的职业服务中心制作视频。这是他的才华首次在学校被人发现，因为有同学在 YouTube 上看到了他介绍如何制作简历和准备面试的视频。

在自己制作视频的同时，他也关注了其他的 YouTube 播主，了解他们为自己的频道建立社区的方式。他开始和其他创作者合作，科里就是其中之一，他是密歇根州立大学的一名宿舍顾问。后来，他们开始参加一些早期的 YouTube 大会，跟其他新人创作者交朋友。

泰勒毕业于经济不景气的 2011 年，他在毕业后申请的好几份工作都没有成功（包括一个谷歌的职位，他在几轮面试之后仍然没有入选）。招聘人员告诉他，他的 YouTube 事业会是一个不利影响。“他们这样跟我说，‘你跟我们的合作伙伴打交道的时候，他们可能会在 YouTube 上找到你，这可能会对我们的品牌产生不好的影响’。”他说，“当时的企业没有预料到，他们的招聘人员以后都会有一个 Twitter 账户。”

在密歇根求职无果的泰勒选择和科里一起搬到旧金山。为了找工作，泰勒把他能在 Craigslist（克雷格列表）网站上找到的职位都申请了。后来他通过一个实习岗位得到了一份全职工作，负责管理几家湾区公司的社交媒体账户。这份工作表面上比较适合他，但他对工作中的种种限制感到十分不满，因为他自己已经很清楚如何打造一个成功的社交媒体形象。

“我要走一大堆流程才能获准发出一条推文，但我知道自己在做什么。”他告诉我，“然后我会回家按照自己的想法去做，我发现这种我能真正享受和掌控的事情可以带来更大的成就感。”最后，再也无法承受这种失落的他决定转行成为全职 YouTube 播主。他记得自己当时是这样想的：“如果把投入到这份全职工作的时间全部放到我的 YouTube 事业里，我应该可以有所作为。”

刚成为全职创作者的第一年是非常劳累的，他感觉这不只是一份工作，而是一项会占据他每个小时的事业。我问他是不是要花更多的时间来剪辑片段，制作更高质量的视频，或者跟其他视频红人合作。“这些都要做。”他说，“但我还要寻找创作灵感，因为你不是随便放一个视频出来就指望它能走红。你还要回复评论，推广视频，制作封面图[①]，回复推文，还要跟 Tumblr 和 Facebook 的社区成员进行互动，而且每个平台都有自己的一套语言，你需

① 视频在播放前显示的图像。

要完全弄明白这些东西。”

泰勒提到的努力似乎并不符合我们通常对成功的 YouTube 播主的印象。在看到视频病毒惊人的传播速度及其带来的社会影响后，人们往往会认为 YouTube 播主只是一夜成名的产物。当然我们见过迅速崛起的明星，但是大多数选择 YouTube 作为职业的人都要经历多年的持续付出。

其实对于创作者而言，爆红视频更多的是一种束缚，正如一支勤勉的乐队可能会因为一两首单曲的成功而昙花一现。“我从来没做过什么病毒视频。”泰勒告诉我，“而且幸亏我没有做过病毒视频，因为即使你能借此吸引一大批订阅者，他们都只是为了那一点内容，他们不知道你一直以来是做什么的。当你要做其他不一样的事情时——任何人都会有这种想法，你就会跟那些观众脱节。我宁愿从每个视频中获取 10 个订阅者，也不希望从一个视频中得到 1 万个订阅者。”

后来我思考了一下泰勒能成功的原因，发现这种愿意慢慢建立个人魅力的态度贯穿了他的整个创作生涯。他不像是那种渴望得到尽可能多关注的名人，他更愿意逐步吸引自己的粉丝，即使这需要付出更多的努力，需要熟练掌握 Facebook、Twitter、Snapchat 和 Tumblr 上的“黑话”，需要在一个周四晚上穿越大半个国家与 300 多名大学生见面，需要向粉丝分享自己最不为人知的一面。

“我从一开始就把自己的 YouTube 视频看成一本没有上锁的日

记。”泰勒告诉我，“我越来越认同这个道理，即使到了现在，我在视频里表现得越真诚，就会有越多的人关注和认可我。”

在娱乐世界里展露真诚，这个想法本身就带有一种微妙的矛盾。数十年来，大众娱乐的主流形式都是让观众对本来不真实的东西信以为真。毕竟无论是喜剧还是戏剧，从幻想风格的《权力的游戏》到未来主义的《星球大战》，演员们都是在“表演”，那不是他们原本的样子。我们通过电视和电影寻求的从来都是一种逃离感，而不是真实感。到今天为止，历史票房收入最高（计算通胀后）的电影是《乱世佳人》（*Gone With the Wind*），历史学家将这背后的原因归结为它上映的时间——当时正值“大萧条”时期，这部电影将数百万美国人的注意力从眼前的困境转移到昔日那个战火纷飞的年代，它成了人们忘记当下痛苦的一种方式。

到了世纪之交，我们开始看到一种新兴的娱乐形式。《老大哥》（*Big Brother*）和《幸存者》（*Survivor*）这类电视节目的出现表明，人们还是渴望看到一些更贴近自己生活的东西。普通人也可以上电视参加激烈的竞赛或者奖金丰厚的才艺秀节目，这些都成了观众爱看的东西。他们甚至还会专门看一些描述平凡日常工作的纪录片，比如BBC的《机场》（*Airport*）和《酒店》（*The Hotel*）系列。

各大电视网络很快就乘上了这个势头，因为它们发现真人秀节目的制作成本远低于60分钟的电视剧或30分钟的情景喜剧，却能带来极高的收视率。随着真人秀节目的不断发展，我们看到了《美国偶像》（*American Idol*）和《渔人的搏斗》（*Deadliest Catch*）这种现象级节目的出现，后来甚至连电视剧也开始采用真人秀节目的拍摄手法和美术效果，比如《办公室》（*The Office*）和《摩登家庭》（*Modern Family*）。

然而，电视真人秀节目的真实性也没能维持太久。现在的真人秀节目基本已经落入固定的套路，而且过度制作的痕迹明显，比如每次到了最紧张的时刻总会恰到好处地插入广告，每当出现感人情景或连环质问时就会响起烘托气氛的背景音乐。尽管真人秀节目还是会有带来惊喜或展现人性光辉的时候，比如我们看到苏珊·博伊尔这样的业余歌手也能施展自己的隐藏才华[①]，但总体而言，电视真人秀节目已经沦为电视网络复制已有成功的工具，它们的即兴性也在这个过程中被牺牲了。这不是说真人秀节目的人气会消退，毕竟这种节目形式的成本很低，而且即使是过度制作的真人秀节目，也能有很高的娱乐性，但我认为它们的真实性和新鲜感已经不如刚出现的时候了。

电视真人秀节目仅存的真实性体现在它们没有经过太多修饰，参加者也更像我们身边的普通人，它们的内容也更贴近真实生活，

① 当然，这些视频特别容易在YouTube上得到爆发性传播。

这是观众希望看到的东西。

事实上，这正是当初促使谷歌收购 YouTube 的原因。

可能有人还记得，谷歌在收购 YouTube 之前已经有自己的视频业务 Google Video。当时 Google Video 的负责人是苏珊·沃西基，也就是 YouTube 现任首席执行官（以及我的上司），最初的主要工作是与好莱坞制片公司签订内容授权协议，将它们的电影和电视节目放到网上播放。当时这还是一个很少有人涉足的领域，我在 Netflix 的时候也为它的流媒体服务做过类似的工作。不过，这已经是几年后的事情了。事实证明，这些谈判工作是非常困难的。因此除了获取商业内容以外，Google Video 也允许用户上传自己的视频。当时《纽约时报》对这个服务的评价是"精品中夹杂着垃圾"。

但事实证明，这些业余的"垃圾"要比谷歌辛苦争取回来的专业内容更受欢迎。Google Video 上第一个突破 100 万播放量的视频是由两个中国大学生制作的[①]，他们在广州美术学院的宿舍里穿着姚明的火箭队球衣，用极其夸张的表情假唱后街男孩的"I Want It That Way"，他们身后是正在玩电脑游戏的室友。比起电视节目，这些才是人们想在网上看到的东西。

这些早期的热门视频让苏珊和谷歌的领导团队相信，网络视频的爆发性增长应该不会来自好莱坞，而是来自用户创作的内容。

---

① 很快，这个名为"后舍男生"的组合就与北京太合麦田艺人管理公司签订了一份为期 5 年的合约，并成为摩托罗拉的代言人。

虽然 Google Video 已经意识到这一点，但它的发展速度仍然远远比不上 YouTube。2006 年，谷歌以价值 16.5 亿美元的股权买下了 YouTube，那是谷歌当时最大的一笔收购。

苏珊发现业余内容的表现毫不逊色于专业内容，有时甚至还能超越后者。YouTube 早期的一些病毒视频，比如“Charlie Bit My Finger”（《查理咬了我的手指》）和“David After Dentist”（《大卫看完牙医后》）就能很好地说明这一点，它们展现了普通人日常生活中最真实的片段，这些才是会让人会心一笑的东西。泰勒·奥克利和许多 YouTube 视频日志创作者甚至更进一步，将他们的生活完整地呈现出来，这样他们就能与粉丝展开更深入和亲密的对话。

对泰勒来说，这意味着他早期在宿舍拍摄的那些粗糙的视频，他会谈论自己的个人形象和饮食失调的问题，会在 *Binge* 中写下自己滥用药物的经历和一段坎坷的恋情。但最引人瞩目的一件事是，他公开了自己的性取向，这在 2007 年的美国还比较少见。

“随着我不断对外展现真实的自己，我的性取向和同性恋身份成了我的重要标签。”他告诉我，“我在 YouTube 一直以同性恋的身份示人，从来没有做过什么宣布‘出柜’的视频，也不认为自己有必要这样做。我觉得我成功的重要原因是——我不仅公开了这个事实，而且认为这不是一件难以启齿的事情。”

泰勒在上中学的时候就正式“出柜”了，这离他制作第一个 YouTube 视频还有 4 年的时间。“所以我很早就能接受和认可自己的身份。”泰勒向我表示。他在其他已“出柜”的同性恋学生和老师的支持下平稳地度过了高中。即便如此，“出柜”的决定仍然给他造成了一些压力。他的父亲起初无法接受儿子的同性恋身份，甚至提出要带他去做转化治疗。① 但是到了他开始创作视频日志的时候，同性恋的身份已经融入他的日常生活。“我已经不把这看成是自己的一个标签。”

不过泰勒表示他早期对自己的身份并没有很好的认识，因为他没有一个同性恋的榜样人物。“我有时候会在采访中被问到，‘你仰慕过哪位同性恋名人？’或者‘你觉得自己像谁？’我真的想不出这些问题的答案。我能想起艾伦·德杰尼勒斯和《威尔和格蕾丝》(*Will & Grace*)，但是我找不到我想成为的那个偶像。在‘It Gets Better’项目还没出现的时候，我只能在谷歌上查找相关的资料，尝试找到自己究竟想成为怎样的人。”

在接受《纽约杂志》的采访时，他进一步谈到了被忽视群体在主流媒体缺乏代表的问题，而社交媒体则让这些群体有更好的机会展现自己。“传统媒体从来不是非主流声音讲述自己故事的舞台……尽管现在情况已经有了一些改观，但是为这些群体作传的

---

① 泰勒的巡回纪录片 *Snervous* 里面有一个让人触动的片段——他在视频里质问父亲为什么之前要那样对他，不过现在这对父子间的隔阂已经消除。他向《纽约杂志》(*New York*)表示，在视频里加入这个片段是很有意义的，因为这样可以证明随着时间的推移，你是可以逐渐被身边的人接纳的。“如果看到这个视频的孩子在想，‘我爸不喜欢我，也不能理解我是谁’，我希望他们在看完之后能改变这个想法。”

人通常都不是其中的一分子。现在，边缘人群可以在这些平台上为自己发声，而且观众可以直接看到他们本人，而不是他们的代言人。”

———

泰勒表示这种变化已经对社会文化产生了巨大影响。“现在你可以在 YouTube 上搜到几万个‘出柜’视频。”他告诉我，“你可以找到跟你有心声共鸣的人。我觉得在 YouTube 的推动之下，社会接纳同性恋的进程大大加快了，我十分肯定这是 YouTube 和互联网的功劳。我想这是因为现在的人敢于展现真实的自我。”

我们在 YouTube 内部经常会讨论这个想法——我们是否促进了社会包容度的提升？我们为 LGBTQ[①] 社区提供发声的机会能否让更多的人接受他们？当然，社会进步的动因是很难确定的，而且我们都知道推动包容性的运动可能会遇到挫折。不过这些 LGBTQ 创作者的存在为那些不敢表现自我的弱势群体带来了慰藉，这是我们引以为豪的事情。

虽然这听起来有些俗套，但身处一家“正在改变世界”的科技公司确实是非常激动人心的一件事，所以我想知道 YouTube 是否真的让拥有不同生活方式和价值观的人更容易被接纳。泰勒毫

① LGBTQ 是女同性恋者（lesbian）、男同性恋者（gay）、双性恋者（bisexual）、跨性别者（transgender），以及酷儿（Queer，对自身性别疑惑的人）的缩写。

无保留地回答了我的这个问题。“我对此有切身体会。”他说，“因为互联网的存在，我觉得自己变得更加包容，也更了解其他文化。我知道了自己的优势在哪里，感觉这个世界也变得更容易理解了——这个世界并没有那么可怕，因为我已经在 YouTube 上看到过这些了。”

带着这种想法的泰勒也在运用自己的影响力把世界变得更加可爱。他成了特雷弗项目（Trevor Project）的宣传大使，这是美国国内为年轻同性恋人群提供危机与自杀干预的领先机构。在每年的生日那天，泰勒都会通过自己的频道为这个非营利组织进行宣传和筹款。到目前为止，他的粉丝已经为该机构捐赠了超过 100 万美元。我问他起初参与特雷弗项目的原因，当时，我以为他的答案会是他想利用自己的名气做一些有意义的事情，但事实上这背后有一个感人的故事。

“我还在上大学的时候遇到了这样一件事。”他说，“我收到了一封 YouTube 的私信，有个孩子说他看到我的视频之后打消了自杀的念头。我当时就在想——我要怎么回应他，我要怎么理解这件事。我到现在仍然无法理解。

“在此之前，我从来没有想过自己会负有社会责任，或者说我没有意识到自己的影响力，我只是在网上公开真实的自己，而且没有接受主流社会对我的身份认同的束缚。但我想这条消息确实拓宽了我的认知。”

在这件事的启发下，泰勒开始寻找一家自己认可的非营利组织，约翰·格林和汉克·格林的“Project for Awesome”是他了解相关信息的一个途径——这个项目有许多由粉丝提交的慈善机构或非营利组织的宣传视频。泰勒最后通过在谷歌上搜索“同性恋非营利组织”这个关键词发现了特雷弗项目。“我当时在想，虽然那个孩子能鼓起勇气向我倾诉，但其他有同样想法的人可能就不会这么做了，无论出于什么样的原因。”

他在弗吉尼亚联邦大学的那场活动上也谈到了自己当初支持这类项目的原因。“在很长的一段时间里，我都觉得自己做的事情只是为了好玩。”他向台下的观众说道，“我根本不觉得自己有什么社会责任，我不是主动要产生什么积极影响，或者成为什么道德楷模，这种说法会让我翻白眼。”他一边挥了挥手，显示出他对这种想法的嫌弃。

“但我是这个群体的一分子，我有机会代表一群被主流媒体忽视的人，让他们得到一种认同感。YouTube 的一个独特优势是，你可以在上面跟之前不可能有交集的人产生联系。对我来说，要认清这些道理并尽力做好自己是很不容易的，但这是一个很有意义的挑战。我也很庆幸自己能有这种转变，因为比我优秀 10 倍的 YouTube 播主有很多，他们可能也拥有比我多 10 倍的订阅量，但他们不一定能做到这些，这是由我们社会的一些系统性问题决定的。”

在做完第一个宣传特雷弗项目的视频后，泰勒预计这个视频不会得到多大反响，即使这是一个公益行动。“但是它的受欢迎程度完全超出了我的意料。”他说，“ 可能这个视频会达到 5 万的观看量，那就意味着有 5 万人可以了解这个资源。其中的 1% 可能需要这个资源。5 万人的 1% 是多少？这件事情能产生很大的影响力，甚至可以挽救生命。”

———

当然，泰勒并不是唯一的同性恋 YouTube 播主，还有很多人跟他一起努力提升社会对 LGBTQ 群体的接纳程度。针对 LGBTQ 青少年群体自杀率较高的问题，丹·萨维奇发起的“It Gets Better”项目是第一个成功引起人们关注的项目。在这个项目中，人们可以通过拍摄视频来鼓励那些饱受委屈的青少年。包括艾伦·德杰尼勒斯和尼尔·帕特里克·哈里斯这样的名人，以及美国前总统奥巴马和英国前首相戴维·卡梅伦这样的政要都在 YouTube 上发布过相关的视频，它们的观看量都达到了数百万。

从此以后，许多 YouTube 创作者都发布了自己感人的“出柜”视频，包括年轻的澳大利亚歌手特洛耶·希文和美妆导师英格丽德·尼尔森，他们运用自己的名气推动了人们对同性恋权益的理解。身为时尚视频日志创作者兼模特的 Gigi Gorgeous 是加拿大最受欢迎的 YouTube 播主，她在自己的频道记录了自己从男性转变为女性的过程，她的变性时间比知名变性人凯特琳·詹纳和拉弗恩·考克斯还要早几年。

还有成百上千名创作者也像他们一样运用自己的频道为社会事业发声。贝瑟尼·莫塔是一位人气极高的美妆播主，她在 13 岁的时候就创建了自己的频道，作为对她从小经历的网络欺凌行为的一个回击。她后来也一直站在反网络欺凌运动的最前线。她在参加《与星共舞》（*Dancing with the Stars*）节目时表演了一支鼓舞人心的舞蹈——随着舞步的展开，背后大屏幕上出现的文字从“呆子”、“疯子”和“失败者”逐渐变成了“勇敢”、“励志”和“我爱我的样子”。

妮拉姆·法鲁克是德国最受欢迎的 YouTube 创作者之一，她也将自己的影响力投入到许多社会事业中。身为坚定的性别平等倡导者，她一直致力于带领更多的女性通过视频创作获得成功。前段时间，前往欧洲寻求庇护的叙利亚难民遭到了许多人的指责，妮拉姆为此制作了多个视频，希望为这场灾难带来更多人性的关怀。她最近参与建立了一个生活方式视频频道 *Ellevant Media*，这个频道会谈论从食品工业化到土耳其政局动荡的各种话题——有点像格温妮丝·帕特罗的媒体品牌 Goop，只是它会更关注社会问题。

“任何人都没有义务将自己的频道用于社会事业。”泰勒告诉我，“但无论你有一个还是 100 万个订阅者，如果你没有认识到你可以通过分享自己的见解来改变世界，我觉得这是很遗憾的一件事。你不会记得你的某个问答视频能得到多少播放量，但你会记得某个陷入心理危机的少年发来的感谢信息，也会记得你造就的社会事业。”

在我看来，泰勒是重新定义名人的先行者，这种名人会将自己的性格、爱好、信仰、价值观，甚至政治立场都完全展现在大众面前。在社交媒体普及之前，成名意味着远离主流社会，进入普通人无法触及的名利场。在早年的好莱坞，葛丽泰·嘉宝和马龙·白兰度这样的明星就以避世著称。到了后来八卦杂志横行的年代，又出现了米歇尔·菲佛、西恩·潘和约翰尼·德普这种极力远离镜头的明星。拒绝世人窥探自己的私生活或观点曾经是成名的一大原则——这样可以保持人们对八卦新闻的好奇心。[①]

如今，即使是坎耶·韦斯特也开始与狗仔队和平共处。名人和粉丝之间形成了一种新的社会契约，比起设法隐藏自己私生活的名人，那些更开放、更真实、更平易近人的名人更受粉丝欢迎。他们不需要像迈克尔·杰克逊和麦当娜那样受人敬仰，也不需要像奥黛丽·赫本和詹姆斯·迪恩那样高高在上；他们可以是粉丝们真诚（而张扬）的朋友，就像詹妮弗·劳伦斯和克里斯·帕拉特一样。

名人形象的打造向来都是公关人员的工作，但是现在 Instagram、Twitter 和 Snapchat 也能起到同样重要的作用，因为它们为粉丝提供了直接接触明星的可能性。尽管有时这些社交媒体

---

① 在 HBO 剧集《青年教皇》（*The Young Pope*）里，男主角解释了自己向公众隐瞒身份的原因，他说斯坦利·库布里克、J. D. 塞林格和 Daft Punk 乐队都是通过保持神秘感才实现了更大的影响力，他也想做到这一点。

账户只是名人利用自身名气变现的另一种形式，比如接一些名牌产品的植入广告，但是在大多数时候，这些渠道还赋予了名人一种复杂的责任：只是在Twitter上推广自己的新项目或者喜欢的产品是不够的，粉丝更期待名人关心世界上正在发生的事情。

这一点也许在体育领域体现得最为明显。我成长于“冷战”时期的东方阵营，当年的体育跟政治总是密切挂钩的，比如拳王阿里出于道义拒绝参加越南战争，还有美国和苏联先后在1980年和1984年奥运会上互相抵制。但是到了20世纪80年代和90年代，体育领域似乎出现了一种新的理念——迈克尔·乔丹说过一句标志性的名言：“共和党人也要买运动鞋。”换言之，运动员完全远离政治是一个更有利可图的选择。

那样的年代似乎已经结束。如今，各个项目的运动员都在为社会问题发声，引起人们对各种社会事件的关注，比如警察暴力和大规模监禁。作为知名度最高的现役篮球运动员，勒布朗·詹姆斯一直积极支持美国民主党的运动。在年度卓越运动奖的领奖台上，他呼吁所有职业运动员运用自己的影响力“与一切暴力行为划清界限”。美国橄榄球运动员科林·卡佩尼克在赛前奏国歌期间下跪示威，这种行为虽然引起了一些批评的声音，但也确实提升了公众对2016年发生的数起警察暴力事件的关注。[①]

---

① 迈克尔·乔丹近日也加入了美国国内关于种族问题的讨论，他对执法人员对非裔美国人的暴力行为和针对性击杀表示强烈谴责，并向国际警察首长联盟的警民关系协会和全美有色人种协进会法律辩护基金各捐赠了100万美元。

以往人们还会就运动员是否应该成为道德楷模，或者名人是否应该参与政治议题展开激烈争论，但是如今这些话题已经没有讨论的必要，因为现在成名意味着你要承受赛场或镜头之外的责任和期望。愿意向粉丝分享更多个人观点的明星将有机会建立更忠实的粉丝群体。

我不是提倡名人要为了塑造更好的个人形象而支持某项社会事业，我的意思是，即使这样做可能会对自己的事业造成负面影响，他们也不应该保持沉默。你的真实想法可能会让少数人失望，但是只会有更多的人为你的诚实而鼓掌，而且你也会从粉丝身上得到更多的赞誉和信任。

我这样说是因为我经常能在 YouTube 上看到这种情况。人们一般会以视频的播放量来衡量一个 YouTube 播主的成功，在这个前提下，你可能会认为表达更多的个人观点会产生负面影响。但我们人气最高的明星都会开放诚实地表达自己的观点，这一点也同样体现在他们的粉丝身上。我们进行的一项调查表明，比起社交内容，千禧一代的 YouTube 用户更愿意分享表达政治或个人观点的文章。

这种开放的态度让粉丝和创作者之间建立了更深厚的联系，这是传统的青少年粉丝俱乐部无法做到的。上文提到的用户群体当中，有 60% 表示他们有同时参与 YouTube 播主和传统电视、音乐或电影明星的粉丝群体，但他们发现前者要比后者更有凝聚力。我在本书前面的章节也提到过，60% 的年轻人认为某位 YouTube

创作者改变了自己的人生观或世界观。很难想象这群用户会对布莱德利·库珀或布丽·拉尔森这样的天才演员给出相同的评价（尽管我是这两位的忠实粉丝）。粉丝与明星的关系已经出现根本性的变化。

我跟泰勒一起探讨了这个问题，他表示即使是视频日志这种形式也能促进他和粉丝的互动。“YouTube 本身就能拉近人与人之间的距离，因为 YouTube 播主会直接对着观众的眼睛说话。”他说，“他就在你眼前的屏幕上，就像在跟朋友聊天。”

我认为这是一种更深厚的亲密关系。第一次看到某个演员时，他很有可能在饰演某个角色。一个演员是否成功，取决于他能否扮演好一个与本人不一样的角色；YouTube 播主则恰恰相反——他们的成功取决于观众是否熟知并喜爱他们真实的一面。这不仅能拉近播主和粉丝之间的距离，也是建立亲密关系的本质。

回到弗吉尼亚联邦大学的那场活动上，泰勒的问答环节已经逐渐变成人生忠告的分享，他向台下的学生们分享了自己年轻时总结出来的一些智慧。

您对即将从大学毕业步入社会的年轻人有什么建议呢？

不知道自己在做什么是很正常的，好好享受你们剩下的大学时光，这些日子可不能重来。

您对想“出柜”的人有什么建议？除了“一切都会好起来”以外。

慢慢来，没有什么好着急的。你要知道不是所有人都有“出柜”的资源，也不是所有人都能得到相应的保护和支持。知道适合自己的“出柜”时间，这跟你当初下定决心去做这件事有同样重要的意义。当你准备好的时候，会有很多人替你高兴，给你拥抱。

最后，泰勒回答了由 5 个不同学生提交的同一个问题：
您对想要开一个 YouTube 频道的人有什么建议？

我的想法是，把只有你可以做的内容放到 YouTube 上，这会成为人们订阅你的理由。如果你去做别人已经做好的事情，那就不能在这个领域做到最好。

第 5 章

抢占用户

内容的全球分发

086

是的，即使是 ||Superwoman|| 也有累倒的时候。那是一个阳光明媚的午后，已经到了下午 3 点，莉莉·辛格刚刚从洛杉矶的公寓中醒来。这位印裔加拿大女艺人满头大汗地坐在沙发上，她也没有时间顾及自己的形象了。“我的精神恢复过来了。”她说，“只是我可能看起来还是比较疲劳。”为了完成新书《How to Be a Bawse》的最后几章（这是一本面向年轻人的励志书），她从前一天晚上一直通宵工作到次日早上 8 点。

她其实也不想通宵赶工——她本来打算在两个月内写完这本书，“但后来我得到了一个拜访白宫的机会”（与米歇尔·奥巴马一起拍摄一段倡导高等教育的视频），“然后要去巴西的事情”（前往里约奥运会参与可口可乐的品牌宣传活动），“再后来又去了肯尼亚”（参加一个为贫困女学生争取教育机会的项目），“所以随着截稿时间临近，我开始变得手忙脚乱”。“时间到底都去哪儿了？”她问。

尽管这个时候的莉莉显得有些狼狈，但其实她一路走来都比较顺利。在极短的时间内，她已经从一个 YouTube 新人成长为拥有 115 万订阅者的网红。YouTube 的公关团队告诉我，他们一开始还需要向杂志记者和媒体博客介绍莉莉，但是在不到一年之后，她每周都能收到十几个采访邀请。随着人气的增长，她的头衔也逐渐增加——励志讲师、小品演员、歌手、演员、社会活动家[①]，以及《今夜秀》的常驻嘉宾。吉米·法伦甚至跟她的“父母”拍过一个小视频。

好吧，其实出现在那个小品里的不是她真正的父母，不过这正是她创意的体现。莉莉的频道中连载时间最长和最受欢迎的内容就是她模仿自己父母的搞笑视频。莉莉会一人分饰两角：身穿鲜艳纱丽服的“妈妈”Paramjeet，以及戴着假发和假胡子的“爸爸”Manjeet。这两个角色都有各自的 Twitter 账号，而且他们的关注者都超过了 15 万。他们只是莉莉在自己的频道里扮演过的众多角色之一，而作家是其中最新的一个角色。

我跟她会面的时候，《How to Be a Bawse》仍然处于创作阶段，但它已经有了一个专门的网站。网站的顶部是一张醒目的照片，照片上的莉莉留着一头飘逸的深色长发，她向上挑起的眉毛透露出一种自信，她的口红和西装外套都用上了 YouTube 的主题红色。不过这张照片下面的内容才是重点：跟大多数图书网站一样，这个网站也加上了亚马逊主站的预售页面，下面还有通向亚马逊加拿大、印度和澳大利亚分站的链接。甚至连澳大利亚网上

① 最近她为盖茨基金会制作了一个推广全球健康计划（Global Health）的视频，比尔·盖茨本人也在视频中出镜了。

书店 Booktopia、新西兰书商 Mighty Ape 和印度电商网站 Flipkart 都有这本书的对应预售链接。我们可以从中看出，莉莉·辛格的观众遍布全球。

———

跟许多知名视频创作者一样，莉莉最初只是把制作视频看成是发泄负面情绪的途径。不过让她感到困扰的并非欺凌或者焦虑问题，而是抑郁情绪。当时她正在加拿大约克大学学习最后一年的学业，她的专业是心理学，跟她的姐姐一样。“这就是唯一的原因。”她说，“我对心理学不太感兴趣，所以出现了一些抵触情绪。”随着毕业的临近，深感无法决定未来人生道路的她陷入了抑郁。“小时候的我有着天马行空般的创造力。”她当时在想，“为什么现在我一定要跟随姐姐走过的路呢？为什么我一定要按照父母的意愿去做我不喜欢做的事情呢？”

在那段难过的日子里，她无意间看到了一个来自 Jenna Marbles 的 YouTube 视频，这是一位喜剧演员，也是 YouTube 上长期保持最高人气的一位女性创作者。“我难以理解有人竟然在自己的房间就能制作视频。”莉莉说道，“而且这些视频可以让陌生人随便观看。”尽管人们已经开始使用社交媒体与家人和朋友联系，但是在 2010 年，为网上完全不认识的人制作视频还是一件很奇怪的事情。

后来有一天，坐在父母家中地下室的她决定上传一段视频，里面的内容是她对宗教的一些看法。虽然这个视频很快就被撤下来了[①]，但她还记得自己在视频制作过程中的激动心情。“过了这么久，我终于有了这样的感觉，‘哇，我在做一件真正令我感到兴奋和挑战的工作’。我在那几个小时里没有感到抑郁。”她说。从那以后，她开始接二连三地制作视频，将其作为一种转移注意力和“自我治疗”的方式。

随着她的视频开始逐渐积累一些人气，她来到了人生的一个十字路口。“我当时在申请硕士学位，这是我父母的意思。”她说，“我记得自己在递交申请表的路上停下了脚步，我不想把未来几年的时间花在这上面。我想尝试成为一个 YouTube 视频创作者。当时已经有一些认识我的人，但这远远不足以支撑我放弃求学的决定。”

她终于鼓起勇气告诉父母自己的不快，以及她想成为艺人的意愿。“我小时候的梦想是成为说唱歌手或演员，上学之后，我就告诉自己这些都是不可能实现的。”她说，“但是 YouTube 重新燃起了我的希望。”她的父母跟她达成了一个协议：她可以花一年的时间发展自己的视频事业，但如果到时没有起色，她就必须去读研究生。

在接下来的一年时间里，她把自己的全部精力投入 YouTube

① “不是因为它做得不好，”她告诉我，“它是做得太糟了，但真正原因是其中的内容已经跟我现在的想法不一样了。”

事业之中，她认真学习其他创作者的成功经验，亲自跟他们见面，也尝试制作尽可能多的内容。她学会了剪辑视频，也更换了更好的摄像头。随着这个频道的逐步发展，她的抑郁症状也逐渐减轻。我问她在创作过程中最享受的东西是什么，她先提到了设定和达成观看量和订阅量目标的感受，不过她也从观众的评论中感受到了安慰，因为很多人在看完她的视频之后都深有同感。“很多陌生人都在听取我的人生经历，然后跟我说，‘天哪，我爸妈就是这样的’或者‘我正在经历完全一样的事情’。任何经历过抑郁的人都知道这是一种极端孤独的感受，但我并没有感到孤独，因为有一群我根本不认识的人都能对我的内容感同身受。对我来说，这是一种极大的安慰。”

视频创作者通常会将自己的成功定义为达到某个里程碑，比如拥有 100 万订阅者。“我的订阅者达到了 100 万，好像是 200 万，但我仍然认为这只是侥幸。”莉莉说道。在成为 YouTube 播主之后，她去了一趟印度，那时她才知道自己的影响力有多大。她本来已经为这次旅行安排了一些见面会和停留地点，但她在行程当中还接到了大量的媒体邀请。“有无数场采访和电视节目想邀请我参加，而我的事业才开始没多久。我向自己和父母证明了自己的选择，我在他们的祖国如此受欢迎，他们肯定会这样想的，‘我们的女儿正在做一些很了不起的事情，我们现在可以理解她了’。”

除了媒体关注以外，这段旅程还发生了一些更让她意想不到的事情：她最喜欢的两位宝莱坞明星都跟她见面了。宝莱坞代表人物玛德胡瑞·迪克西特是《宝莱坞生死恋》（*Devdas*）的主演——这是《时代周刊》评选的千禧一代十佳电影之一，她跟莉莉一起拍摄了一个标题为“宝莱坞教会了我什么”（What Bollywood Has Taught Me）的视频。这个视频获得了超过500万的观看量，其中来自印度的观众比美国的还多。

“宝莱坞之王”沙鲁克·汗则邀请莉莉到他家看他的女儿，因为他女儿是她的忠实粉丝。如果你没有听说过沙鲁克·汗这个名字，在谷歌上搜索“全世界最红的明星”就能找到他。人们经常会拿他跟汤姆·克鲁斯比较，他也是《福布斯》最高收入演员年度榜的常客。更准确地说，他很可能是有史以来最知名的演员，他在印度已经卖出了数十亿张电影票。沙鲁克·汗找到了莉莉，跟她说自己很喜欢她的视频，她当时就蒙了。“什么？”她问道，“你可是我的偶像，现在你竟然说你会在世界的另一头偶尔看我的视频，而且是在我完全不知情的情况下。”

后来莉莉来到孟买参加活动，她没想到沙鲁克·汗也会在这场活动中出现。她说：“我当时在想，天哪，大家看到沙鲁克·汗露面肯定会疯掉。”然而，当他们一起走上舞台时，台下喊她名字的声音盖过了她偶像的名字。“这是我人生中最不知所措的一次经历。我下台之后感到很不舒服，我当时真的很想吐。”等她缓过来之后，她的粉丝开始走向舞台，一字不漏地复述她在视频里讲过的金句。“我知道网络是面向全世界的。”她说，“但是直到有人跟我说‘你在视频里说的这些让我感同身受’，我才清楚认识到这一点。”她说甚至连不会说英语的粉丝也会这样做，他们能模仿她在视频中说的话，即使他们没有听懂。

我在本书前面的章节谈论过电视网络在货架空间有限的年代是如何经营的。通过控制某种稀缺资源（广播时间），它们可以将节目和广告时间卖给出价最高的人。不过媒体行业还有另外一种利用稀缺资源的方式——限制允许内容分发的国家。如果你试过播放国外买来的 DVD，就会知道国际版权的协议能有多混乱。

例如，我曾经在 HBO 负责国际分发的工作，这家公司会在世界各地采用不同的内容分发方式。在某些国家（以亚洲国家为主），它会在当地设立和经营一个电视网络，相当于美国本土频道的海外版本。在其他地区，比如东欧和北欧，HBO 会跟当地媒体公司成立合资公司。而在加拿大、澳大利亚和大部分西欧国家，HBO 会将自己的内容授权给当地的媒体公司进行分发。

通过这一系列复杂的操作，HBO 可以最大限度地利用自家内容的价值。这对 HBO 来说是一件好事，因为它已经为在美国播放的内容付出了制作成本，所以将这些内容授权到海外将带来大量的额外利润。但是这种做法会导致它的节目在不同市场的首播日期不一样，有些内容甚至根本不会出口到海外。

由于互联网的货架空间是无限的，所以数字时代的商业模式不再需要围绕稀缺性展开。互联网平台不用为了更高的利润而在不同的市场单独拍卖内容，它们更倾向于争取在全球范围内提供内容，以此抢先积累更多忠实的用户。在 YouTube 刚起步的时候，一个视频能否被尽可能多的人看到是很重要的，无论这个人身处英国的伦敦，俄亥俄州的伦敦，还是尼日利亚的伦敦。YouTube 竭力确保来自任何地方的任何用户都能在自己的平台上传和观看视频，这一点让它得到了飞速发展，并成为一家全球化的媒体网站。

如今，YouTube 几乎在全世界所有国家都提供服务，它的广告收入会分给来自 90 个国家的创作者。YouTube 拥有 76 种语言的本地化版本，包括老挝语、泰卢固语和吉尔吉斯语，这些语言已经覆盖了 95% 的互联网用户。

有一次，脱口秀主持柯南·奥布莱恩来到 YouTube 办公室参加一个问答活动，他谈到了节目片段的全球分发如何改变了他的事业。“我们在 YouTube 上取得了惊人的成功，以至于我在全球很多国家都拥有大批粉丝，但我的节目并没有在这些国家播出。”为了满足这些粉丝的要求，他开始到韩国、德国和亚美尼亚等海外地点拍摄外景视频。“我去首尔机场的时候，那里可能有上千个十几岁的女孩在尖叫、拍照和推搡，我无法向你描述当时情景有多么疯狂。这是 YouTube 的功劳，因为我的节目并没有在韩国播出。”

对于包括莉莉在内的大多数视频创作者来说，他们的大部分流量都来自美国以外的地方（YouTube创作者们平均有60%的视频观看量都不是来自他们的祖国）。

“我觉得跟其他创作者相比，我的观众地域分布非常有趣。”她说，“我有很多来自特立尼达的粉丝，这个国家的人口只有130万。”她不假思索地说出了这个数字，“但那里有很多人都订阅了我。”事实上，她在特立尼达的观众甚至比孟加拉国还多，后者是一个拥有1.5亿人口的大国。我向她询问这背后的原因，她说自己经常会在视频里面提到索卡音乐，这是流行于特立尼达的卡吕普索音乐的一个分支。她之所以知道这种音乐，是因为她小时候在加拿大听过。

“我会讲很多只有牙买加人能听懂的笑话，因为我是在牙买加人的社区长大的。”她说，“我几乎可以用泰米尔语跟人交流，尽管我不是斯里兰卡人或者南印度人。”所有这些文化元素都会在她的视频里出现，并展现在世界各地观众的眼前，这些都体现在她的视频统计数据当中。

莉莉在全球范围的影响力让她更倾向于制作能迎合海外观众的内容，这是我们在向她购买一部旅行纪录片的版权时了解到的。“其他创作者可能不会像我一样重视这个。”她告诉我，“但我知道我的第六大市场是迪拜，第四大市场是印度。我清楚地知道这些，同时我也知道很多人在商业化的时候不会考虑这个问题。”

莉莉能在加拿大和南亚大受欢迎是可以理解的，但她在加勒比地区走红确实让我感到意外。我一直不能理解为什么只要视频播主稍微提及相关的内容，来自这些小众市场的订阅数字和播放量就会明显上升。

另一位 YouTube 创作者 sWooZie 确实出生于特立尼达，他更详细地向我解释了这种状况。“每次当我提到自己是特立尼达人的时候，来自特立尼达的播放量就会大幅攀升。”他说，“即使我只是说出了这个单词。还有当我看到来自澳大利亚或加拿大的订阅者增加时，我会特地加入一些跟他们相关的内容。我可能会说，‘嘿，澳大利亚总理说了什么什么’，然后所有澳大利亚观众都会感到开心。即使是在某些视频里稍微提及一下，也能让这些观众更喜欢你。”

数十年来，语言一直是内容出口的障碍（铁幕时期的布拉格就是如此，当时所有的走私电影似乎都是同一个人配音的）。[①] 因此，早期的 YouTube 上最受全球观众欢迎的视频是来自《憨豆先生》（*Mr. Bean*）的片段。这个电视剧在 YouTube 上成功的原因，跟它风靡全球 245 个国家的原因一样：除了剧情本身有趣以外，还因为里面的主角从来不说话。没有对白就意味着不需要翻译。我们在研究华纳兄弟在 YouTube 上的成功内容时也发现了类似的

① 如果你对此感兴趣，可以参考研究网络 Media Across Borders 制作的一些报告，其中详细讲述了内容出口到不同国家的本地化、剪辑、字幕和配音工作。

结果，他们最受欢迎的视频并非蝙蝠侠或哈利·波特相关作品，而是从来不说话的汤姆和杰瑞。

尽管英语只是世界第三大语言，但是内容出口的方向一般都是从西方向外传播。因此，一代又一代的全球观众都是从小看着 BBC 古装剧和美国卡通片长大的，只是部分内容会根据文化的差异经过一定程度的本地化调整。例如，你可能知道《辛普森一家》（*The Simpsons*），但是这部动画片在中东地区叫作“The Shamshoons”（里面的男主角喝的达夫啤酒变成了达夫果汁）。《人人都爱雷蒙德》（*Everybody Loves Raymond*）在编译成俄语版本时也闹出了很多笑话，该剧的编剧菲利普·罗森塔尔将这个过程拍成了一部叫作《出口雷蒙德》（*Exporting Raymond*）的纪录片。

但是这种形式已经开始发生改变。互联网为文化传播打开了全新的路径和方向——从东方和南方传到西方。大多数人都知道《办公室》来自英国，但是你可能不知道《丑女贝蒂》（*Ugly Betty*）是由一部哥伦比亚电视剧改编而成的，《创智赢家》（*Shark Tank*）是日本创业节目《龙穴》（*Dragon's Den*）的美国版本，《国土安全》（*Homeland*）的原作其实是一部以色列剧集。

韩国歌手朴载相（大众熟知的鸟叔）也许是在全球内容传播方面最有发言权的人。他的大热韩国流行曲《江南 Style》是第一个突破 10 亿播放量的 YouTube 视频，它达到这个成就只花了 5 个月的时间，第一个达到 20 亿播放量的视频也是这首歌。眼看它就要冲向 30 亿播放量的时候，我们的工程师不得不重新编写

YouTube 的播放量计数程序，才能显示如此庞大的数字。

在 YouTube 的推动之下，《江南 Style》登上了全球多国音乐排行榜的首位，包括比利时、洪都拉斯和斯洛文尼亚。它成为澳大利亚史上销量最快达到 100 万的单曲，后来它在美国卖出了 500 万份。

虽然这听起来可能有点夸张，但即使《江南 Style》并不能解决政治危机，它在文化上肯定造成了巨大的影响。在这首歌上线之前，韩国流行音乐在 YouTube 上超过一半的观看量都来自亚洲、澳大利亚和新西兰。一年过后，这个比例就被扭转了。大部分韩国流行音乐的流量都来自亚太地区以外的国家，来自韩国的观看量占比还不到 10%。人们对韩国文化的兴趣不止停留在 YouTube，在《江南 Style》走红后的一年内，韩国旅游业的规模增长了超过 15%，韩国旅游局称这是《江南 Style》的功劳。

20 世纪 90 年代，非法进口的日本音乐、漫画和游戏不断在韩国市场蔓延，为了抵御日本文化的侵袭，韩国文化部开始大力投入本土内容生产。在 90 年代末的金融危机过后，韩国经济开始向媒体产业倾斜，同时也催生了大量制作精良的韩剧和流行歌曲，它们很快就俘获了大批海外受众。[①]

① 韩国电视剧在中东地区尤其受欢迎。由于韩国历史剧中的女性角色普遍穿着保守，因此它们在更为保守的中东国家可以很好地避免审查阻力，某些剧集在该地区的表现甚至比本国更好。例如历史剧《大长今》在伊朗的收视率就达到了惊人的 90%，某些韩国演员也在这个国家成为家喻户晓的大明星。

如今，没有一个国家能在文化输出的专注和投入上比肩韩国。在韩国，流行歌手组合的组建就像奥运国家代表队的选拔一样严格。韩国的流行明星都是通过海选招募的，他们还要经过多年严格的唱歌、舞蹈、表演和外语培训才能正式出道，组成超级艺人组合。

李秀满（Lee Soo-man）是韩国领先娱乐集团 SM Entertainment 的创始人兼艺人总监，他在一场 YouTube 举办的企业峰会上讲解了他们公司的创作流程。“我们有一个制作委员会负责分析当前市场和消费的趋势，我们 A&R 团队会为每个艺人挑选和制作最合适的歌曲。”他告诉我们，“制作委员会还负责视觉表现，他们会制作音乐视频，指导舞台表演，有时甚至还会策划最新的时尚风格。A&R 团队每天都会在世界范围内收集和研究数千首歌曲，为每个艺人量身定做最合适的作品。”

SM Entertainment 已经组建了一个全球作曲人、作词人、编舞和视频导演的网络，还会在韩国定期举办作曲训练营，将世界各地的作曲人才聚集在一起。“之前素未谋面的欧洲和好莱坞作词人都会被我们邀请过来，跟我们的作曲人和制作人进行为期数周到数月不等的合作，我们的歌手也会直接参与其中。”李秀满说道。这个融汇东西的创作过程可以确保他们的歌曲作品能得到全球观众的喜爱。“一首时长只有 4 分钟的新歌，”李秀满说，“可能需要一年多的制作时间。”

SM 旗下的韩国流行组合 TVXQ 和少女时代也会在 YouTube

上发表多种语言的歌曲，包括中文和英语作品。在全球巡演期间，他们会根据各个成员的语言特长调整在不同国家舞台上的领队。有些组合甚至会有不同语言的分支，比如目前全球最受欢迎的男子组合 EXO，它的两个“分队”EXO–K（韩语）和 EXO–M（中文）是在韩国和中国同时出道的。他们会同时发布同一首歌不同语言的版本。SM 还为他们推出了专门的游戏、社交网络，以及一个叫作“everysing”的唱歌应用。

“我们回顾世界的发展史。”李秀满说道，“你会发现经济总是走在文化前面。欧洲和美国的全球经济地位确保了它们的文化渗透，但我在努力尝试另一个方向，用文化带动经济。”

这种方法已经取得了巨大的成功。尽管全世界使用韩语的人口只有 8000 万（其中 2500 万生活在朝鲜），但是韩国流行音乐已经被传播到世界的各个角落。随着机器翻译准确率的迅速提升，语言很快将不再成为文化传播的障碍。各家影视公司也在争相制作能同时吸引美国和全球其他地区观众的内容，比如 Netflix 旗下的连续剧《毒枭》（*Narcos*）和《马可波罗》（*Marco Polo*），在这种趋势之下，下一代消费者也许不会像我那样从小看着西方的娱乐内容长大——他们可能会将目光投向东方或南方，或者其他任何方向，只要那里有好的内容。

第 6 章

网络视频

不同于电视的吸引力

103

我曾经思考过 YouTube 早期为何能取得成功，得出的一个结论是它跟电视上播放的东西完全不一样。如果 YouTube 上面都是 30 分钟的喜剧、60 分钟的连续剧，或者 90 分钟的电影，它将永远不可能成为电视的对手。业余创作者没有充足的预算，也没有丰富的专业经验，如果非要尝试制作以上形式的内容，他们的作品也只能是电视内容的拙劣模仿。

相反，YouTube 上的视频跟你平常在黄金时间看到的电视节目截然不同，有类似于《美国家庭滑稽录像》（*America's Funniest Videos*）的视频，有非主流的艺术，有深情的自白，还有一些你从来没有看过的东西。通过创作完全不同于电视的内容，YouTube 视频创作者得以建立属于自己的风格。

对于娱乐选择不如西方的海外市场来说就更是如此了。如果电视上只有足球比赛和肥皂剧可以看，你可能会非常想看看别的东西。你可以从 YouTube 人均内容消费最多的市场明显看出这个特点，沙特阿拉伯是 YouTube 人均活跃度最高的市场，它的观众每年在 YouTube 上花的时间要比加拿大观众多出 30 个小时。在沙特人眼中，独立女性是不会出现在电视上的一种形象。

海拉·加扎勒是一位年轻的叙利亚 YouTube 播主。视频中的她表情夸张，富有亲和力和幽默感，而且经常为女性赋权发声，这些特点让她成了中东和北非地区最受欢迎的创作者之一。

她从小就希望成为一名新闻播音员，但她知道这是一个几乎不可能实现的梦想。“长久以来，我都只能服从社会对我的期望。”她告诉我，“我不得不放弃上电视梦，因为我是一名女性。”但 YouTube 给了她一个实现梦想的机会——在女性被普遍认为不应该出现在镜头前的中东地区，她仍然获得了数百万粉丝。2016 年，一直传达积极信息的她被评选为联合国性别平等改变大使，更有机会与教皇方济各一起讨论如何构建更包容的网络空间。

中东地区只有极少数的女性 YouTube 创作者。但是随着智能手机和社交媒体的普及，加上青年文化的兴起（在本土政治运动的带动下），YouTube 上涌现了成千上万个由海拉等中东女性开设的频道。此外，这种动荡的时局也催生出了一种从前在该地区比较少见的娱乐形式：讽刺视频。

———

2011 年 2 月，埃及前总统胡斯尼·穆巴拉克在塔利尔广场反抗示威的压力下被迫下台。一个月后，一位叫作巴瑟姆·尤瑟夫的心脏外科医生在开罗家中的洗衣房里摆放了一张桌子和一台摄影机。他的目标是制作一个属于自己的《每日秀》(*The Daily Show*)，这是他最喜欢的美国电视节目。他最后做出来的节目叫作“B+ Bassem Youssef Show”，其中的“B+”是他的血型。虽然这个脱口秀节目的早期作品都制作得比较粗糙，不过可以看出它们在尽力还原《每日秀》的风格。巴瑟姆会身穿西装坐在塔利尔广场的布景前面，评论本土政客的视频和照片，同时还配上巧妙的剪辑、音效和偶尔出场的嘉宾记者。但是跟乔恩·斯图尔特不同的是，巴瑟姆经常会忍不住发出大笑，而他立体的五官也很适合展现灿烂的笑容。

巴瑟姆的节目在上线 YouTube 之后，成了埃及第一个独立制作的节目。在这个互联网渗透率只有 20% 的国家，一个观看量能达到 5 万的视频就能称得上火爆了，然而巴瑟姆的频道在头两个月就获得了 500 万的观看量。这个频道的成功让巴瑟姆得到了一家电视台的赏识，后者邀请他制作下一档每日讽刺新闻节目《Al-Bernameg》。仅仅播出一季之后，《Al-Bernameg》就成了埃及收视率最高的电视节目之一，而且它是中东地区第一个达到 100 万订阅者的 YouTube 频道。世界各地的媒体很快就将巴瑟姆称为“埃及的乔恩·斯图尔特”。

巴瑟姆甚至得到了乔恩·斯图尔特本人的邀请，作为嘉宾在《每日秀》上亮相。这次经历给他带来了很大的启发，他在回到开罗之后决定把现场观众引入《Al-Bernameg》的录制，并为此改造了位于开罗市中心的无线电剧场。这座仿照纽约无线电城音乐厅建成的演播厅距离塔利尔广场只有10分钟的步行距离。第二季的《Al-Bernameg》成了埃及首个有现场观众参与录制的节目。

巴瑟姆的幽默感在现场观众面前发挥得淋漓尽致，观众们在现场的积极反应也大大提升了节目本身的表现力。《Al-Bernameg》随即成为全世界最受欢迎的电视节目之一。2012年，它在埃及本国的观众就达到了3000万，相比之下，同年美国收视率最高的电视节目是《海军罪案调查处》(*NCIS*)，后者的观众只有1500万，相当于《Al-Bernameg》的一半，尽管美国人口是埃及的三倍。2013年，巴瑟姆被评选为《时代周刊》全球最具影响力人物100强和《外交政策》(*Foreign Policy*)杂志全球思想领导者之一。

后来，巴瑟姆开始在节目中批评新上台的穆罕默德·穆尔西和穆斯林兄弟会政府，并因此收到了起诉和逮捕的威胁。他在2013年初曾被短暂拘留审问，后来被保释。2013年6月30日，穆尔西政权被埃及军方推翻。在保护记者委员会(Committee to Protect Journalists)举办的一个颁奖典礼上[①]，作为颁奖嘉宾的乔恩·斯图尔特表示《Al-Bernameg》已经陷入前途未卜的境地。

"巴瑟姆本来可以选择。"斯图尔特说道，"他当时本可以停播这个节目，留下英雄的名声，继续受到民众的爱戴……他也可以选择坚持更高尚的原则，他的讽刺作品并非针对政权更迭，而是为了表达主张。"

① 巴瑟姆在这场活动上获颁国际新闻自由奖(International Press Freedom Award)。

在军政府的统治下，巴瑟姆选择继续制作他的节目，但好景不长，新节目仅仅上线一集就被禁播了。“事实证明，埃及新政权的幽默感不及穆斯林兄弟会。”斯图尔特讥讽道。在节目被禁播后，巴瑟姆离开埃及来到了美国，现在他是 Fusion 电视频道节目《民主手册》(*Democracy Handbook*)[①] 的主持人。他还参与制作了一部讲述他个人经历的纪录片《胳肢巨人》(*Tickling Giants*)，写了一本叫作《Revolution for Dummies》的书。

尽管《Al-Bernameg》只是昙花一现，但是讽刺作品仍然能在中东地区扎根生长。法哈德·阿尔布泰里是沙特阿拉伯国内首位单口喜剧演员，他在 YouTube 上开设了一个叫作“La Yekthar”[②] 的节目。他在节目中通过讽刺小品来揭露自己国家的腐败和失业问题，这些作品为他带来了数百万的观看量，以及“沙特宋飞”的绰号。阿尔布泰里后来参与制作了一个风靡全球的病毒视频——他以阿拉伯女性地位为主题改编了鲍勃·马利的一首歌曲，并将其命名为《No Woman, No Drive》。[③]

而在印度，喜剧团体 AIB 则通过一系列滑稽视频来抨击国内女性受到不公正待遇的问题。2012 年，德里南部的一辆大巴上

---

① 最近一集节目讨论的是美国宪法第二修正案的问题，巴瑟姆来到了一家同时销售珠宝和枪支的商店。里面的一位店员向他展示了她最喜欢的一个套装：一支散弹枪和一只五钻周年纪念戒指。巴瑟姆开玩笑道：“所以我可以送她这个，如果她不喜欢，我可以把她带到……餐厅。”

② 这个节目名称可以大致翻译为“保守秘密”。

③ 其中一句歌词的大意是：“嘿，妹妹，不要碰那个方向盘。”

发生了一起恶性性侵事件，导致一位年轻女性死亡，这起事件导致印度国内爆发了大规模的示威活动。尽管如此，多数印度人仍然认为女性应该为自己引起罪犯的注意负责。作为回应，AIB 制作了一支题为“Rape: It’s Your Fault”（强奸：这是你的错）的讽刺公益广告，一位面带微笑的年轻女演员在其中陈述一些捏造的声明，比如“科学研究表明，女性身穿短裙是引起强奸的主要原因”。这个视频得到了各大社交媒体平台的疯狂转发，AIB 也因此成为印度讽刺作品的领军团体。

巴西是 YouTube 观众规模第二大的市场，在巴西众多 YouTube 创作者当中，喜剧小品团体 Porta dos Fundos 是比较早成名的。[①]它的成员都拥有传统媒体从业背景，其中包括导演、编剧、演员和喜剧演员。要是他们想制作一档电视喜剧节目，也能有足够的资源和人脉，但这个团体有一个非常清晰的想法，他们想做出一系列能够激发观众和打破常规的作品，讲一些不可能在巴西电视频道上出现的笑话。

2014 年，Porta dos Fundos 的创始成员之一伊恩·费尔南德斯在一场于里约热内卢举行的媒体大会上讲述了他们的愿景。“想成为一个成功的喜剧演员，想真正让观众发笑，你一定要激发他们。”他说，“你要唤醒他们，启发他们思考，让他们看到日常生活和人际交往中不合理的地方。你一定要打破常规。所以我们想

① 这个名字直译过来是“后门”的意思，当然还带有一点粗俗的意味。

讲一些其他人不会在电视上讲的笑话，我们想讨论一些从前不会被拿来开玩笑的话题，比如宗教、官僚主义和贪污腐败。”

他们带着这个愿望来到了YouTube，因为他们可以在这里尽情表达自己，无须担心内容审查问题。他们最初的一些作品也得到了不错的反响，但他们真正走红的时间是在5个月后的圣诞假期。因为他们的大学生粉丝在回家后会向家人分享他们的视频，于是他们在那个假期就获得了数百万的观看量。其中一个特别受欢迎的视频讲述的是耶稣在一家木工店上班，但他因为过于保守和不能像其他木匠一样说脏话而被辞退的故事。在两年之内，Porta dos Fundos成了巴西人气最高的YouTube频道，同时也是巴西国内首个达到1000万订阅者的频道。

2015年，我到巴西出差与部分合作伙伴会面，其中包括Porta dos Fundos的几位成员。我们在当地举办了一场见面会，为本土的市场营销人员和广告公司高管介绍YouTube上的一些明星创作者，帮助他们理解这些创作者在我们平台上的影响力。我本以为这次活动也会跟往常的活动一样——品牌代表们会对数字平台的营销效果和远低于传统电视渠道的成本表示惊讶。但我很快就发现这场活动开始往另一个方向发展。

巴西的人口普查将国内人口种族分成五个类别，分别是

“amarelo”（黄色，即东亚种族）、indio（原住民）、pardo（棕色，即跨种族人口）、preto（黑人）和 branco（白人）。你在科帕卡巴纳海滩漫步的时候就可以看到以上这 5 个种族。巴西是全球民族最多元的国家之一，在这里，你几乎很难分得清当地人和游客的区别。我十分欣赏这样的民族大熔炉，这也是我特别喜欢巴西这个国家的原因。

但如果你打开巴西的电视，除了足球比赛以外，你一般只能看到白人的面孔。曾为 2014 年巴西世界杯拍摄纪录片的史派克·李向一家当地新闻媒体表示，如果你在巴西看电视，“会以为所有巴西人都是金发碧眼”。

在前面提到的那场广告商活动上，你可以看到来自巴西各州，拥有不同肤色的创作者，比如黑人美妆导师，深色皮肤的桑巴舞者，染着粉色头发的 LGBTQ 视频日志创作者，留着文身和络腮胡的嬉皮士小品演员。那里有棕色皮肤的音乐视频导演，绿色眼睛的游戏播主，当然还有金发的白人。无论是带有非洲、亚洲还是欧洲血统的巴西人，他们都能在 YouTube 上找到自己的观众。

“这些孩子都是什么人？”一位高管问我。

“我想这就是真正的巴西吧。”我面带笑容地回答道。

制作在电视上比较少见的内容是获取 YouTube 观众的一种方

式，但作为少数族裔能否对创作者的人气有所帮助呢？正如我在上一章提到的，互联网社区可以作为发现志同道合者的重要场所，但互联网也可以让人们更容易听到那些被忽略的声音。当在荧幕上缺乏相应的展现时，观众们就会希望看到不同种族人群的真实形象。

以亚裔美国人为例，他们是美国增长最快的人口群体，却甚少出现在电影和电视上。[①] 根据南加州大学安纳伯格传媒与新闻学院的统计数据，只有1.4%的好莱坞电影会选用亚裔演员担任主角，尽管亚裔族群在美国的人口比例超过6%。

但是在YouTube上，许多亚裔创作者都成了我们最早期的明星，而且我们的顶尖创作者当中也有相当大比例的亚裔面孔。米歇尔·潘是YouTube最早出现的美妆导师之一，也是我在加入这家公司后最先认识的一位创作者。她在上高中的时候曾经申请过一份在本地商场兰蔻专柜的兼职工作，但是没有被录取。深感失望的她并没有因此灰心，而是将她对化妆的热情倾注到自己的美妆频道之上。尽管她无法为本地商场的顾客服务，但她现在可以帮助数以百万计的YouTube观众找到属于自己的美丽。

短短几年之内，她凭借自己频道的人气成了兰蔻官方指定的

① 2016年艾美奖最佳编剧得主，喜剧《无为大师》（*Master of None*）的编剧艾伦·杨在获奖致辞中精辟地总结了亚裔在媒体眼中的形象："美国有1700万亚裔人口，意大利裔美国人也有1700万，他们有《教父》（*The Godfather*）、《好家伙》（*Goodfellas*）、《洛奇》（*Rocky*）、《黑道家族》（*The Sopranos*），而我们只有Long Duk Dong，所以我们还有很长的一段路要走。"

视频化妆艺人。不久之后，她成立了一家专门培养其他美妆播主的制作公司。到了 2012 年，她还成立了一家叫作 Ipsy 的化妆品订阅公司，现在这家公司的估值已经超过 50 万美元。

在米歇尔之前也有其他取得成功的亚裔创作者，喜剧演员瑞安 · 比嘉在 YouTube 成立的同年开始发布视频，现在已经累积了接近 2000 万的订阅用户。弗雷迪 · 王的 YouTube 播主生涯开始于 2007 年，后来他制作了史上最受欢迎的网剧之一——《游戏学院》（*Video Game High School*）。WongFu 是由陈德伟、傅大诚和王振翔组建的电影工作室，他们跟弗雷迪差不多同期开始向 YouTube 上传音乐视频和短片，不久之后，他们就开始在各大院校和国际短片巡演活动上亮相。后来 Wong Fu 逐渐发展成为一家充满活力的新媒体公司，它跟瑞安的 Higa TV Productions 和弗雷迪的 RocketJump 工作室一样，都专注于为亚裔群体争取台前幕后的角色。

然而，尽管与热门的电视节目和电影相比，YouTube 上的热门频道上有着更高比例的女性、亚裔和拉美裔[1]创作者，但是在黑人创作者方面，我们的数字没有比好莱坞好看多少。事实上，如果不把音乐人计算在内，（截至本书成稿时）在 YouTube 前 100 位人气最高的频道当中只有一位非裔创作者——英国游戏播主和喜剧演员 KSI。

① 相对而言，拉美裔创作者在 YouTube 上的表现要好很多，尽管他们基本都不在美国居住，而且他们的作品几乎都是西班牙语视频。

我们在 2016 年组织了一场专门面向黑人创作者的私人活动，希望借此提升黑人群体在我们平台上的地位。出席这场活动的演讲者包括喜剧演员旺达 · 塞克斯、社会活动家德雷 · 麦克森和 Def Jam 唱片公司的创始人拉塞尔 · 西蒙斯，他们都谈到了非裔面孔走上台前的困难。

通过这场活动，我们认识到了黑人创作者的比例仍然较低，而且传统媒体阻碍黑人艺人发展的一些因素也已经渗透到了我们的平台上。我们首页上的内容推荐算法在设计上本来是不带任何倾向性的，但是统计数字表明它们仍然会受到一些社会偏见的影响。尽管我们的目标是打造一个让任何人都能上传内容的开放平台，但这并不足以确保所有人都能得到平等的展现机会。

我联系了 YouTube 上最受欢迎的美国黑人创作者阿丹德 · 索恩（他拥有接近 500 万订阅者），并向他询问为什么 YouTube 上的热门黑人创作者如此稀少。他认为这个问题的部分原因在于黑人视频制作人才的供应。如果想打造一个成功的 YouTube 频道，“你必须要有一个不错的摄像头，相应的剪辑设备，还要有一台好电脑”。他说：“我身边很多黑人朋友都对做视频不感兴趣，他们没有这个钱，也没有这个时间。这不是他们的兴趣所在。不过我注意到对于 Vine 和 Instagram 这类形式更短小，只要一部手机就能玩转的软件，我的很多黑人男性朋友都非常沉迷其中。”

但他接下来特别谈到了一个更令人不安的问题：“我注意到每当我把自己的样子放到视频封面图上的时候，这个视频的人气肯定不如使用我的卡通头像做封面的视频，即使这个卡通头像是一个黑人，它的观看量要比我的真人头像更高。我认为这背后的原因是，有很多还不了解我的观众，他们看到这些封面图的时候会对里面的内容产生一个先入为主的印象：‘好吧，这个人肯定会说很多脏话，他会有这样那样的表现’。”换言之，观众们如果知道一个视频是由黑人男性制作的，他们点开这个视频的意愿会更低，但是采用黑人卡通形象的封面图就不会有那么明显的影响。

事实证明，有色人种女性正在面临更严重的偏见。许多黑人女性创作者向我表示，女性创作者的肤色越深，头发越卷曲，她的订阅和观看数量就会越低。即使对于专门支持自然头发运动的频道来说也是如此。

因为 YouTube 基本上是一个按需点播内容的平台，观众们通常会自行决定接下来要看什么。但这些决定之间并非毫不相关，用户会在众多视频封面图当中选出自己更喜欢的那个。按照阿丹德的说法，在这个竞争当中，黑人创作者的封面图的吸引力往往不如白人创作者。久而久之，用户的这个偏好就会被纳入我们的推荐算法里，因为这些算法的目标是为用户提供他们最有可能观看的视频。

“如果有这样两个封面图摆在你面前，”阿丹德解释道，“上面分别是一个黑人青年男性和一个漂亮的白人女孩，我想无论是我还是其他大多数人都会去点那个白人女孩。可能我们会回来看看那个黑人，但我觉得这只是因为我们已经习惯了这样做。”

在跟阿丹德交流过后，我回去查看了他的频道，发现在他播放量最高的30个视频里面（来自他差不多十年的YouTube播主生涯），他的样子都没有出现在封面图上。我接着转到KSI的频道，发现其中部分热门视频的封面图确实有他的样子，但这些视频都是在他成名之后才上传的。如果看一下那些在初期帮助他积累人气的视频，你会发现在他的前100个视频里面，他的真人只在一个封面图上出现过。

我的妻子是多米尼加人，我的两个女儿也是有色人种的后裔。如果她们开设自己的YouTube频道，人们会因为她们的种族而不愿意点击她们的作品吗？每当想到这个问题我就会深感不安。她们（或者其他任何黑人创作者）要克服更大的困难才能在YouTube上成名，这一点表明，即使是开放公平的系统，也会被人们潜在的偏见侵蚀。

需要面临这个问题的公司也不止YouTube一家。彭博社的记者发现亚马逊Prime同日达快递服务并不支持配送到黑人聚居的社区，亚马逊也因此饱受批评。风靡全球的增强现实游戏《精灵宝可梦GO》也因为白人社区比黑人社区更容易出现宝可梦而遭到诟病，因为白人社区通常会有更多的公园和公共空间。现实世界的种族隔离居住制度在数十年来形成的影响也延伸到了虚拟世界。

尽管在自家附近看不到虚拟游戏宠物是一件无关痛痒的事情，但是算法的偏见可能会产生一些严重得多的后果。新闻调查机构ProPublica发现，美国法院有一种用于判断被告人未来犯罪风险的软件，这种软件误判黑人被告再犯罪的概率几乎是白人被告的两倍。哈佛大学的研究团队发现，人们在网上搜索非裔美国人相关的名字时，搜索引擎会更容易出现查询犯罪记录服务的广告。

这种情况也体现在硅谷本身的种族多元化和包容性问题上。根据美国计算研究协会（Computing Research Association）的数据，美国科技公司的员工当中，非裔美国人的平均占比仅为2%，然而他们在全美计算机专业毕业生当中的占比超过4%。如果软件算法的开发没有种族多元化的视角作为支撑，那么它们将有可能重现社会上现存的偏见。

尽管跟保释请求被拒绝相比，在YouTube上无人问津所带来的影响似乎不算严重，但这仍然是一个令人遗憾的问题。YouTube的理想是成为一个开放民主的平台，让每个人都有同样的机会展现自己，但上面提到的问题却与我们的初衷背道而驰。不过更糟糕的是，这可能会让我们错失改变媒体产业现有运作方式的机会。如果你相信流媒体视频是促进好莱坞变革的动力（我相信这本书的读者应该会认同这个观点），那么最应该改写的规则莫过于什么样的人可以出现在屏幕上，谁的故事会被大家了解。YouTube的观众群体要比电视观众年轻得多，这一点让YouTube有机会建立娱乐行业的新规则，同时培养新一代拥有多元背景的创作者。

YouTube创作者弗朗切斯卡·拉姆齐的故事让我备受鼓舞，作为演员的她曾经无法在好莱坞找到心仪的角色，但她后来凭借自己在YouTube的人气成了Comedy Central和MTV的常驻明星。我也很佩服伊萨·雷、唐纳德·格洛弗、贾斯汀·西米恩和昆塔·布伦森等黑人电影制作人，他们都是从开放的网络视频领域开始逐步积累自己的资源，到后来他们已经能为 HBO、FX、Netflix 和 YouTube Red 制作原创剧集。

尽管他们的成功让人瞩目，但我们在提升少数族群的地位方面显然还有很多可以改进的地方，从分析我们的推荐算法，到提升员工群体的多元性，再到为黑人创作者提供更多的资源和机会。YouTube 的使命是为每个人提供发声的平台和观察世界的窗口。除非黑人创作者能够得到与其他人同等的机会，否则我们就没有很好地履行这项使命。

第 7 章

细分领域的机会

小众的逆袭

138

密苏里州的汉密尔顿小镇位于堪萨斯城东北，只有一小时车程。由于道路施工的原因，我在驱车前往这个小镇的路上不得不驶下州际公路，绕道到一条漫长而平坦的乡间小路。随着我不断接近目的地，道路两旁的农田逐渐变成了更真切的乡村生活景象：汽车修理店里的拖拉机跟汽车一样多，我经过了一个浸信会教堂，还有一座白色水塔，上面用加粗的蓝色字母写着小镇的名字。那天正值8月，天气潮湿多雨，跟我一样驱车前往汉密尔顿的人不在少数，但几乎每个人都是怀着同样的想法过来的：拜访珍妮·多恩。

在前面几个章节，我尝试总结了部分人气 YouTube 创作者的一些共同点：他们能建立和培养忠实的粉丝群体，能做到平易近人和真诚待人，经常会对外输出新颖多元的观点。但是除了那些处于金字塔顶尖的 YouTube 明星以外，还有很多有趣的创作者也值得我们去了解。

珍妮·多恩可能跟你在本书看到的其他人物都不太一样。她不是拥有数百万粉丝的年轻创作者，也不是一个精通新媒体运营的大师。她是最不像视频朋客的视频朋客——出生于婴儿潮时代的她总共有 7 个孩子和 21 个孙子。她运用自己的魅力、热情和幽默感带动了整个汉密尔顿小镇的经济。作为密苏里明星绗缝公司（Missouri Star Quilt Company）里的“明星”，珍妮毫无疑问是全世界最有名的绗缝大师。

密苏里明星绗缝公司的故事开始于 1996 年，当时居住在加利福尼亚格林菲尔德的多恩一家发现儿子乔什患上了淋巴瘤。治愈乔什的高昂费用让多恩一家的经济陷入了困境，珍妮和她的丈夫罗恩只得搬到生活成本更低的地方才能维持生计。他们把全部家当打包到一辆租来的卡车上，一路向东来到美国中部密苏里州的一个小镇上。他们与这座小镇唯一的渊源是珍妮的父母曾经到访过这里。

事实证明，汉密尔顿是非常适合多恩一家生活的地方，罗恩在本地报社找到的机械师工作足以支撑他们全家的开支。然而好景不长，2008 年的金融危机耗尽了多恩夫妇的退休积蓄，罗恩的工作也开始出现变数，他所在的机械车间已经从 25 人裁员至 5 个人。在这种困境之下，多恩家的孩子阿尔和莎拉决定为父母安排多种退休保障。他们拿出 36000 美元的贷款为母亲购置了一台长臂绗缝机——因为绗缝是她最大的业余爱好，这样一来，她还可以把自己的绗缝制品卖给镇上的邻居。他们后来又借了 24000 美元，买下了一间足以容纳那台绗缝机的废旧汽车展厅，这个地方就成了后来的密苏里明星绗缝公司。

起初，珍妮的生意并没有什么起色。她的绗缝店在开张三个星期之后才卖出第一件产品，那个顾客还是她的侄女。当珍妮终于收到第七份订单时，他们全家人一起开了一个跳舞派对，莎拉将每份订单都包装成了礼物。

几个月后，阿尔建议母亲给自己的小生意做一些宣传工作。他问她有没有兴趣拍摄一些绗缝工艺的教程，然后把它们上传到 YouTube。"当然可以。"珍妮说道，"但什么是教程？"当时的她从来没有上过 YouTube 这个网站。

经过阿尔的一番解释后，珍妮开始了她的网络视频生涯。她最初的几个视频都是一些简单直接的教程，珍妮会对着镜头一本正经地讲解如何拼贴基本的绗缝样式。视频的画面有明显的抖动，你还能听到她的孙子们在旁边玩耍的声音。不过即使在这些粗糙的早期视频里，你仍然能感受到她的热情和专业，这些都预示着她日后的成功。在每个视频的开头，珍妮都会展露出一脸灿烂的笑容，她会用清晰而自信的声音介绍不同的裁缝技巧，让这项原本令人望而却步的爱好变得简单易懂。

后来阿尔向我讲述了这些早期视频是怎么做出来的——视频的拍摄工具是阿尔自己的佳能 PowerShot ELPH 数码相机，如果珍妮想要展示绗缝操作的俯视镜头，身高两米的阿尔就会充当人肉支架，俯身从桌子正上方往下拍摄。视频背景出现的吵闹声来自莎拉的孩子，因为珍妮的绗缝店也被用作孙子们的日托中心。阿尔在白天有一份技术顾问的工作，在辛劳工作一天回家后，他还要使用 Windows Movie Maker 为妈妈剪辑视频。

拍摄绗缝教程的几个月后，珍妮开始在视频中展现更多的个性。她会给观众讲一些家里发生的趣事，如果自己的示范操做出错了，她还会发出尴尬的笑声。在一个视频里，她让丈夫罗恩举起一张绗缝图案，以便她向观众展示。“有个高个子老公的好处在这时候就体现出来了。”她说。他全程站在布料后面，一直没有在镜头前露脸。视频画面上有一行注释写着：“我发誓罗恩就站在后面，但他实在太美了，我不舍得把他分享给全世界！”

某天，有人打电话来咨询购买珍妮在教程里面用到的布料。“啊，我们没有卖这种布料。”她告诉对方，“这些材料已经在我的床底下放了 17 年了。我只是在给大家展示怎么做绗缝！”挂掉电话之后，她开始重新思考自己的经营策略。不久后，珍妮就开始尝试销售自己在教程里用过的布料，而且前来咨询购买布料的人也越来越多。她在第一年销售布料的收入就已经足够还清购买绗缝机的贷款。

在那段事业刚起步的时期，珍妮开始遇到一个奇怪的现象：有很多从外地来的人开始出现在这家小镇绗缝店的门前，他们都是珍妮在 YouTube 上的观众。今天可能会来一个来自纽约的女士，明天出现的人可能是从墨西哥城过来的。“我们感到很意外，原来我们的视频真的有人在看。”珍妮告诉我。

原本零星的拜访开始变得频繁起来。在拍摄最早期的教程视频时，多恩一家根本不需要关闭店面，因为从来就没有什么顾客会走进店里。但后来有越来越多的人从遥远的地方前来拜访，他们的视频拍摄工作也因此受到了影响。

珍妮也开始陆续收到一些粉丝寄来的信件，有些身患残疾的粉丝正通过她的视频学习绗缝——他们虽然行动不便，但仍然能在网上找到一项有意义的新爱好。“他们的生活变得不一样了，因为他们现在有这样的机会去释放自己的创造力，这是他们从来没有体验过的。”她告诉我。

到了2011年，这个频道的订阅者已经突破25000人，密苏里明星绗缝公司的关注和销量也出现了爆发性增长。拜访者开始从更远的地方过来——英国、以色列、南非、澳大利亚，甚至有不会说英语的中国人和日本人慕名而来。有一位来自墨西哥的女士，她每年都会与丈夫一起回到这里庆祝他们的结婚周年纪念日。

尽管珍妮的视频并没有成为爆红的现象，但它们仍然聚集了一群非常忠实的观众。他们会在YouTube上观看她的教程视频，然后从珍妮的在线商店订购布料，还有很多人会像朝圣一样前往汉密尔顿。在三年时间内，密苏里明星绗缝公司的营业额已经超过100万美元。

到达这个里程碑后，阿尔决定辞去自己的顾问工作，全身心投入到自家公司的运营上。多恩一家的首要任务是扩大原来只有一个铺位的绗缝店，这样能为前来参观的访客提供更好的体验。他们可以选择的地点有很多——大萧条过后的汉密尔顿开始变得凋敝，城镇大街两旁的建筑多半已经被封锁或废弃。到了2011

年，这座小镇只剩下两家古董商店、一家超级市场、一家赛百味和几个加油站。[1]

多恩一家买下了一栋新楼房，把它翻新成一个专门销售南北战争时期和商品绗缝布料的商店，这些是他们库存量最大的布料。很快，他们的两个店面已经放不下库存的布料，于是他们又新开了一个专门销售季节性布料的店面。后来，他们开始接二连三地开设新店：一家花纹布料专卖店，一家现代布料专卖店，甚至还有一家专卖缝纫机和相关设备的新店。

我在2016年拜访他们的时候，密苏里明星绗缝公司已经在汉密尔顿的主干道——北戴维斯街上开设了17个店面，其中包括一家汉堡连锁店、一家面包店、一家农场餐厅，[2]以及一座裁缝活动中心，这里每年会举办50场为期一周的绗缝主题度假活动。他们最聪明的一个想法应该是“男士天地”，这是一座放满皮革躺椅、铺着深色木地板的大房子，里面的电视放着ESPN频道的体育比赛，丈夫们在妻子购物期间可以在这里打发时间。[3]我来参观的时候看到大街两旁都停满了汽车，从车牌来看，这些车来自艾奥瓦州、得克萨斯州、伊利诺伊州，甚至是佛罗里达州。街道看上去给人一种田园气息，人行道上种满了玫瑰花，你还可以看到有几

① “而且那家赛百味就在其中一个加油站里面！”珍妮告诉我。

② 这家餐厅的名字叫“Blue Sage”。我推荐这家店的羊腿汉堡，不过阿尔的最爱是熏牛肉三明治。

③ “普通的绗缝店只会在门外放一张长椅，会有一个男人纹丝不动地坐在上面，脸上写着‘我只是在等我的太太’。”珍妮告诉我。

家店铺的四周画有以绗缝为主题的巨幅壁画，它们都是多恩一家的物业。

从汉密尔顿回来以后，我决定通过谷歌街景看看这座小镇这些年来的发展，发现它的变化之大确实让人难以置信。2009 年的汉密尔顿看上去就像是一座鬼城，北戴维斯街上布满了残破的楼房，其中有相当一部分已经被废弃了，人行道上的裂缝中也长出了高高的野草。镇上唯一能展现出生活气息的地方是一个农民在自己的卡车上贩卖蔬菜，除此之外很难看到其他汽车。

如果将时间快速调到 2016 年，你会看到道路两旁有很多建筑工人在修建新的加高人行道。其中一个街景里面是一个有六栋两层楼房的街区，2009 年，这些楼房二楼上的窗户都被木板封起来了，到了 2016 年，这些窗户上都贴着一个个英文字母，组合成密苏里明星绗缝公司的英文名字“MISSOURI*STAR*QUILT*CO”，这个街区的几栋楼房都成了多恩一家经营的物业。即使这些只是静态照片，你也能从中感受到这座小镇的活力。

在这座只有 1800 人的小镇上，密苏里明星绗缝公司现在的员工数量已经超过 400 人，其中包括 5 名全职建筑工人，他们的工作是不断翻新汉密尔顿的老旧楼房。这家公司也因此成为当地最大的雇主，以及全世界最大的绗缝布料卖家——他们每天能处理 5000 张订单，相当于每年接近 200 万张订单。尽管还是有自发前来汉密尔顿参观的游客，但现在大部分游客都会参加一些行程固定的观光团，所以几乎每天都会有大批绗缝爱好者坐着大巴来到这个小镇。2015 年有超过 10 万游客到访过汉密尔顿，而珍妮的 YouTube 频道的订阅者还不到 40 万，所以这已经是一个相当惊人的比例。

而且这家公司还有上升的空间。

当我走进密苏里明星绗缝公司的总店时，首先映入我的眼帘的是珍妮·多恩的慈祥笑容——店里的平板电视正在播放她的视频教程，一盏盏 20 世纪工业风格的吊灯下面展示着各种绗缝布料的样板。我仔细端详了这种将新旧事物并列在一起的陈设，联想到珍妮的视频也是一种历史悠久的爱好与新锐技术之间的结合。继续往店铺里面走，我看到了几台用于查询布料库存的 iPad。后来当我准备买一些纪念品带回去时，有一位年轻女士过来向我要了电子邮箱地址。

我在店里等阿尔的时候，一位穿着亮丽的红发女士向我走来，她略带迟疑地向我问道：“您好，请问您在找什么产品吗？”我可以理解她的困惑，因为我是店里除了员工以外的唯一一个男性，也是唯一一个不到 50 岁的顾客，看起来一定与周围格格不入。在我说明来意之后，这位女士开始带我四处参观，向我讲解在店里陈列的各种商品。店铺中央放着他们最新上架的商品，印有他们公司标志的围裙和上面写着“我爱珍妮”的衬衣。

“它们卖得太快了。”那位员工告诉我。

几分钟后，阿尔走进了商店，他一看见我就开始兴奋地向我介绍他们一家人对汉密尔顿的改造成果。他身穿一件蓝色 T 恤，脸上留着一把红棕色的胡子，看起来要比他的头发浅一些。成熟稳重的举止也与他高大的身材非常相称。按照企业首席执行官常说的话，比起零售高管，他看上去更适合当一个技术高管，尽管他是个运动能手，还热衷于全地形车和无人机。他显然拥有中西部人热情好客的特质，但从他悠闲的举止和对网络营销的热情来看，你能感受到他曾经在加州生活的痕迹。

我想起了刚才在商店里注册的邮件列表，于是问了一下他们电子邮件的营销情况，他告诉我密苏里明星绗缝公司的每日邮件有 70% 的打开率。“这太疯狂了！”[①] 他们之所以能达到这个数据，是因为他们会努力抓住每一个与顾客互动的机会。“我们不会只是简单地说一句‘感谢您的订单’，而是尝试把它变成一件有趣的事情。”他告诉我。如果你在他们的网店买过东西，你可能会收到这样一封邮件，上面写着有一支军乐队已经从仓库领取了你的包裹，现在正奏着乐曲向你家迈进。

阿尔带我逐一参观了他们的各个店面，让我了解到绗缝布料可以玩出什么花样。“这是我们的创意商店，里面有《愤怒的小鸟》和《星球大战》主题的布料。”他介绍道，“如果哪天自行车成了

① 这确实很疯狂！根据电子邮件营销咨询公司 emfluence 的数据，营销邮件的平均打开率仅为 22.17%。

孩子们的潮流，我们也会把自行车布料放到这里销售。”

我们也一起去参观了“男士天地”，我在那里看到有一位年长的男士一边在观看亚拉巴马对克莱姆森橄榄球比赛的回顾片段，手上还一边在用 iPad 玩纸牌游戏。接着我们坐电梯前往楼上的儿童与婴儿商店，跟我们一同在电梯里的还有两位来自盐湖城的女士，熟知珍妮最早期视频的她们很快就认出了阿尔。

“你就是那个儿子！”

“是的，我就是那个总在玩电脑的孩子。”阿尔苦笑着举起双手做出打字的手势。

“我们太兴奋了，因为今晚就要见到你妈妈了！”她们对他说道。

“你们过来是为了参加妈妈今晚的现场教学吗？”他问道。那天晚上珍妮要在镇上举行一场现场教学活动。

“是的，我们要在这里待三天，我们才刚刚进入状态呢！”电梯门在这时打开了，那两位女士也跟他道别了。

不到一分钟后，我们被另外一个人叫住了，那是一位留着棕色长发的中年女士。她问阿尔是不是珍妮的儿子，我从她的神情中看出了一丝紧张。阿尔重复了一遍刚才那个玩电脑的笑话，我想他应该经常会遇到这样跟他攀谈的人。但是那位女士并没有因此被逗笑，她只是告诉阿尔自己是来跟一位好友一起过生日的，她们两人从弗吉尼亚州一路驾车来到汉密尔顿。她在见到阿尔之后没有像其他顾客一样激动，而是表现出了真挚的感动。

“我只想向你道谢。”她说，“你们所做的事情实在太有意义了。”她的声音开始颤抖，眼眶里含着热泪。她只是看着阿尔，已经不知道要说什么，她不知道如何表达这一切对她的意义——无论是珍妮的视频，亲自来到汉密尔顿，还是遇见阿尔。

“谢谢，我也很高兴认识你。”阿尔微笑着和她握手。我觉得他也不知道自己应该说什么了。

我们继续参观其他地点，包括他们公司正在进行的一些建筑项目，然后沿着马路一直走到一间小屋，那是珍妮第一家绗缝店的所在地。我在那里见到了珍妮本人，她坐在一张高大的裁缝桌后面，桌上铺满了各种边角布料。“我是个没有条理的视频创作者。”她对自己乱糟糟的工作场所表示歉意。她当时穿着一件黑色高领毛衣，梳着一头中分的金色短发，看上去就跟她在视频里的形象一模一样。她身后挂着一幅巨大的深色拼贴绗缝作品，这幅制作于 1894 年的作品是当地的一位女士送给她的。“她带着它过来找我说，‘这个东西我用不着，你有兴趣留着它吗？’我当然很想要了。”她告诉我。

珍妮先跟我聊了她从小开始接触裁缝的经历。她似乎还没开始懂事就已经会拿起针线了，她曾经把妈妈的衣服剪碎，然后把碎片重新钉在一起（“这种事情只发生过两次。”她说），后来她的家人把她送到了四健会（4–H）正式上学。在学校里她参加了一些音乐剧的幕后工作，负责为剧中的不同角色制作戏服。但是直到很久之后，她才发现自己对绗缝的热爱。

接着她讲述了她的 YouTube 频道是如何一步一步发展起来的。她的孩子们曾经试过在关于绗缝的论坛上假装发起讨论，通过这种方式为她的频道吸引流量。“那些 70 岁的老人可不会上 YouTube。”她说，“他们什么东西都要有 DVD 版本。但阿尔跟我说，‘妈，你知道沃尔玛只要把东西放到门口的篮子里面，在上面贴一个 5 美元的标签，它们就会被一扫而光’。所以我们一定要做网络视频。”

我想知道她为什么能吸引众多忠实的绗缝爱好者。“我把它变得简单了。”她说，“绗缝本来是要追求尽善尽美的，但我的信条是‘完成比完美重要’。你不需要做得跟其他人一样好，如果你在今天做了一个小时，这都可以看成是一次练习。明天的你就会比今天多了一个小时的经验。我不是为了完美才做绗缝的，我是为了给我爱的人亲手做一些东西。”

换句话说，珍妮认为自己将这门手艺变得平易近人了，就像是绗缝领域的茱莉亚 · 切尔德。她为一个主要由母亲和祖母组成的群体制作了许多教程视频，这是她们之前从来没有过的。但她同时也在扩大这个群体，让那些曾经被绗缝的难度吓退的人也能加入进来。其中包括年轻人（“那些有耳洞和文身的孩子”），甚至还有羞于进入绗缝店的男士们，他们也可以跟着网上的教程学习。

她还提到了一些早期给她写信的残疾人，他们的轮椅不能进入商店的过道，但仍然可以在 YouTube 上学习这门手艺，在网上订购所需的材料。

除了每周录制教程视频以外，珍妮还会前往各地进行绗缝现场教学活动。每场活动的时长可达两个半小时，能够吸引数百人付费参与，很多人在活动结束后都要排队见她一面。珍妮后来跟我讲有一位女士排队等了很久才跟她说上话。她对珍妮说：“我从来没有想过自己能做这样的事情。但您说，‘你可以做到’。我相信了您说的话。”那位女士把手伸进包里拿出了一小块自己做的绗缝样式，这时珍妮才注意到她手臂上的是两只假肢，她失去了双手。

珍妮接着跟我讲了另一个故事——一个我永远都不会忘记的故事。她在一次教学活动结束后遇到了一位老先生，他排了足足一个多小时的队才见到了珍妮。来到珍妮面前后，他开始讲关于他妻子的事情，后者原来是珍妮的忠实粉丝，但她那时已经患上了阿尔茨海默症。为了让妻子的精神有所寄托，他买了一副密苏里明星绗缝公司的定制扑克牌，上面印有珍妮做过的各种绗缝样式，因为他妻子每天基本上都以洗牌来打发时间。

收到来自丈夫的礼物后，她开始以自己娴熟的手法来洗这副扑克牌，但是她很快就被牌面上的绗缝样式吸引住了，她记得自己在教程视频里看到过这些样式。洗到大王牌的时候，她停了下来，牌面上是珍妮的肖像。她抬头看着丈夫说道：“这是珍妮。”

这是她 4 年来说出的第一句话。

老先生啜泣着向珍妮表达了衷心的感谢。“在那个瞬间，我能感受到她仍然在我身边。”话音刚落，他已泣不成声。

故事还没讲完，珍妮就已经泪流满面。“谁能料到自己会遇到这样的事情。”她说道，“我只是向大家展示如何把几个图案拼在一起，没想到自己能为他人带来这样的快乐。”

她稍作停顿后继续说道：“但是在创作的时候，你能感受到治愈。然后你可以为其他人的生活带来幸福。你可以做给你的家人、你的孩子和孙子。你可以开始为医院缝制枕套，为孤儿、新生儿或伤残军人缝制被子。我的意思是，绗缝圈子正在发生一些非常奇妙的事情。”

奇妙的事情也发生在其他领域。珍妮的故事之所以值得关注，是因为我们可以从中看出一个人的兴趣可以影响多少人。不过它也展现了网络视频最迷人的一面：你可以创作出任何跟兴趣相关的内容。

YouTube 刚上线时有一个响亮的口号：表达你自己。这个口号激励了数百万人举起摄像头，用自己的视角拍摄自己的世界。因此，早期的 YouTube 是一个多元且充满灵感的地方。你永远不会知道首页上会出现什么内容，总能发现意外的惊喜。

但是正因为所有人都可以在这里参与创作，每个 YouTube 视频都在争夺有限的观众注意力。正如其他任何生态系统，如此激烈的竞争会促使其中的成员占据更独特的生态位。

YouTube 上有一些非常主流的内容类别，比如体育、音乐或电影。但是我们有很多类别的细分程度会超出你的想象，比如专门介绍肥皂雕刻技巧的频道①，展示飞机驾驶舱视角的频道，还有一种频道会专门播放壁炉在燃烧时的噼啪响声。如果有人可以研究整理 YouTube 上的各种细分内容和它们为什么能够吸引数以百万计的观众（例如，每周都用液压机压碎一件新的物品），我想这些成果足以做成一篇博士论文。②

我认为这些高度细分的内容反映了一种人性之美。其实，我们的兴趣如想象力一样天马行空，你可能无法理解为什么有些小众兴趣能够激发人们的好奇心。网络视频的特点（更低的创作和分发成本）让几乎任何人都有机会根据自己的独特兴趣创作内容，而且由于它们面向的是 15 亿 YouTube 用户，所以那些你认为很小众的内容其实也能获取数量庞大的受众。

随着 YouTube 不断发展，现在创作者的状态已经从“表现你自己”变成了“细化你自己”。任何人都能在这个平台上找到符合

---

① 你可以在 YouTube 频道“mizutama.soap”上了解一些难以置信的肥皂设计。

② 甚至有这样的传言（我对此不置可否），说 YouTube 内部流传着一份内容封禁列表，里面都是一些与奇怪癖好相关的内容，比如展示用舌头舔雕像的视频，或者往脸上扔馅饼的视频。

自己兴趣的内容。我们的算法也越来越善于理解用户的观看历史和预测用户的兴趣，所以我们有能力为每个用户量身定做独一无二的 YouTube 主页。

然而，尽管 YouTube 拥有如此丰富多彩的细分领域，但是谈到在 YouTube 上最成功的内容类别，它们通常都与一些相对主流的兴趣相关，只是观众们比较难在其他媒体上看到这些内容。

游戏视频也许是最好的例子。在手机游戏的推动下，电子游戏已经成为一个市值接近 1000 亿美元的产业。以游戏《侠盗猎车手 5》（*Grand Theft Auto V*）为例，它在上市首月的销售额就超过了全球音乐产业 2013 年发行的所有唱片的总和；它的首日销售额是当年最卖座电影《钢铁侠 3》（*Iron Man 3*）总票房的两倍。

无论以任何标准衡量，游戏都是一种广受欢迎的娱乐形式，但它始终无法在电视上立足。最后一家专注于游戏内容的电视网络是 G4，它在经历多年低迷的收视率之后被 NBC Universal 关闭了。虽然电竞赛事已经开始登上 ESPN（它在第 51 届超级碗期间用一场《FIFA 17》比赛来与其抗衡）和 TBS（东京放送），但是它们在电视上的关注度仍然远远不及你在网上看到的情况。

游戏内容在 YouTube 上非常受欢迎。这是我们比重最高的内容类别之一，游戏内容每个月的观看时长都能达到数十亿个小时。我们有许多顶尖的创作者，比如西班牙的 elrubius，萨尔瓦多的 Fernanfloo，以及俄罗斯的 EeOneGuy，他们最初的视频内容都是与好友一起玩多人游戏的录像。[1]

我对游戏视频一直有这样一个疑问：为什么有人会花时间看其他人玩游戏？有人是为了查看攻略：他们想知道怎么打败某个首领怪物，或者如何破解一个难懂的谜题，所以他们会在网上看看其他人是怎么通关的。有人是为了满足好奇心：玩游戏的成本还是比较高的，一款游戏的售价经常会超过50美元，那些持币观望或者暂时买不起新游戏的玩家可以先通过视频来了解一款游戏。另一种人可能更接近体育比赛的观众，某些游戏的粉丝希望观看世界一流的玩家同台竞技的盛况——电子竞技每年的观众数量已经接近2.5亿，而且它是全球增长速度最快的观赏性体育项目。

但是游戏视频之所以能风靡YouTube，很大程度上是因为创作者会在游戏过程中展现自己的独特个性，将看似被动的观看体验变成一种主动和引人入胜的娱乐形式。这些创作者也在尝试加入小品、视频日志和直播等内容形式，让自己的频道更具个人特色。

也有一些创作者能够将自己对游戏的热爱融合到其他创意内容中。罗姗娜·潘西诺（Rosanna Pansino）的Nerdy Nummies是一个展示游戏主题烘焙视频的频道，她的“愤怒的小鸟”杯子蛋糕视频获得了超过2000万的观看量。RocketJump制作的《游戏学院》是一部讲述游戏玩家竞争的网剧，它在众筹网站Indiegogo

---

[1] 对于创作者而言，用自己的名字为YouTube频道命名是最普遍的做法，但是游戏播主基本上都会使用自己在多人游戏中的昵称作为频道的名称。

上筹得了接近 90 万美元的制作资金。马修·帕特里克（人称“MatPat”）的 The Game Theorists 频道已经吸引了 700 万订阅者。如果把游戏中的事物放到现实世界会怎样？这就是他的频道专门研究的问题，比如“刺猬索尼克背后的科学”。

事实上，所有类型的教学内容（无论是否与游戏相关）都是比较热门的视频。虽然记者们会将 YouTube 戏称为“猫咪视频的大本营”，但是教育和教程类视频所带来的观看时长是动物类视频的 5 倍。[①]

通过这些教学视频，你可以了解到希格斯玻色子的详细发现过程，或者学习如何给一辆苏联 Lada Riva 更换化油器，那是我的第一辆汽车。我问过一些年长的用户会用 YouTube 来干什么，他们给我的答案是学习怎么维修家里的某件物品，或者如何安装某个设备。YouTube 成了用于解决实际问题的维基百科，它可以向人们展示如何组装宜家的家具或者打理他们的私家花园。人们不仅会用它来解决即时需求，有数百万人已经通过 YouTube 的教学视频学会弹吉他，或者制作属于自己的家具。2016 里约奥运会标枪银牌得主尤利乌斯·叶戈最初也是通过 YouTube 视频自学标枪投掷的。

我问了汉克·格林这样一个问题，在电视上一直不温不火的教育内容为什么能在 YouTube 上蓬勃发展，他给出的答案是，网

① 不过“如何画一只生气的猫”这样的视频可能会加倍受欢迎。

络视频“看上去更廉价，但不会给人廉价的感觉”。

“如果我们要把 SciShow 放到电视上，你可能会问，‘布景在哪里？笑点在哪里？’”他说，“如果是网络视频，你可以做得更简单一些，但观众不会因此抱怨。”

他还提到了视频长度的问题。YouTube 上的教学视频可以采用任意的长度，比起动辄 30 分钟的电视节目，利用碎片时间观看一个 3 分钟的视频可能会更轻松一点。“一段两分钟的物理知识短片怎么在电视上播放？放在广告里面吗？”

视频内容的按需搜索特性也十分重要。“对于想学习呼吸系统知识的人来说，他们马上就要看到一个关于呼吸系统的视频。他们明天就要考试了，不可能守在电视前面等待相关的节目。”

这就是网络视频相对于教育和教学电视频道的巨大优势所在。尽管美食频道（The Food Network）、家园频道（HGTV）和历史频道（History Channel）的节目可以有十足的娱乐性和启发性，但是我们在做饭、改装家居，或者教孩子做历史作业的时候，需要即时的参考信息。如果你要帮女儿的糕点义卖活动准备杯子蛋糕，这时罗姗娜·潘西诺的用处可能要比盖伊·菲耶里更大。

网络教学视频可以即时满足人们的信息需求，因此我认为它们要比电视上的同类内容拥有更为广阔的前景。而且由于网络视频创作者和粉丝之间的互动关系，即使看不到符合自己特定兴趣的视频，你仍然可以给创作者留言表达自己的需求（如果是电视，就没那么容易了）。

如果你深入了解 YouTube 上一些成功的细分内容类别，比如游戏、烹饪和家居改造，你会发现这就像是一个五花八门的售报亭。无论是《建筑文摘》（*Architectural Digest*）、《现代农夫》（*Modern Farmer*），还是《田野与溪流》（*Field and Stream*），你都能在 YouTube 上找到相对应主题的频道。如果你想为下一个成功的 YouTube 频道寻找主题，得先花时间了解一下有哪些兴趣已经有了对应的杂志，但在网络上尚未得到关注。

这本杂志的比喻尤其适合用在美妆和时尚领域。在 YouTube 出现之前，如果你想学习如何化出一个完美的烟熏眼妆，或者了解最新的秋季时装，你基本只能订阅《17》（*Seventeen*）或者《时尚》（*Vogue*），但是这些杂志上只有图片和文字。[①]

现在，你可以通过绘声绘色的视频得到这些信息，而且向你展示这些信息的人可能来自跟你一样的种族，拥有与你相近的身材和发型，说着你能听懂的语言。他们不会矫揉造作，而是勇于承认自己的瑕疵，这样的个性让他们比杂志上的面孔要平易近人得多。

正如世界各地的知名游戏播主，每个国家似乎都有一个代表性的美妆播主，比如墨西哥的 Yuya（YouTube 上人气最高的女性创作者）、德国的比安卡·海尼克和韩国的 Da Sol Lee。

在跟我讨论小众内容在 YouTube 上的魅力时，汉克提出了美

① 这个句子是在我的两个女儿的帮助下写出来的。

妆和游戏内容的另一个共同点。“它们都是我们喜欢的东西，但我们在社会上却不太敢于承认。”他说，“我们不希望年轻女孩过度关注自己的外貌，但社会实际就是在过度关注她们的外貌。你知道自己不应该老是玩游戏，但是——”他突然把身子向后一靠，高声说道，“游戏里面有枪、有暴力、有爆炸！”

他将 YouTube 比喻成一个精神的减压阀，可以释放社会施加给我们的不和谐信号。作为女性，社会的压力会要求你精心打扮自己，尽管这样会显得很肤浅；作为男性，你需要展现你的男子气概，但可以请你先关掉那个充满暴力的游戏吗？

在结束与珍妮的谈话后，我请阿尔带我参观密苏里明星绗缝公司的仓库，也就是他们每天处理 5000 份订单的地方。我们从店铺出发向南开了一英里左右，来到一片开阔的土地，上面是一座占地 42000 平方英尺[①]，由波纹铝板搭建而成的白色仓库——相当于一座超级市场的大小。在它后面是一片面积更大的建筑工地。按照阿尔的话，多恩一家在修建第一座仓库时以为他们“一辈子都不可能填满它”，然而事实上它只支撑了一年的时间。现在没有人可以预测这座占地 104000 平方英尺的新建仓库可以维持多久。

① 1 平方英尺 ≈0.09 平方米。

我们走进那座仓库，里面过高的天花板、巨大的面积和昏暗的灯光都让我以为自己来到了一家家得宝建材商店。阿尔跟里面的几位员工打了招呼，其中大部分员工他都是直接叫他们的名字。他们都很高兴能见到阿尔，不过能看出他们还是感到了一些意外，就像他有好几个星期没出现了的样子。我把这看成是这里运作一切顺利的信号。

阿尔给我展示了这座仓库是如何运转的——订单的接收，对应布料的定位、裁剪和捆绑，还有货物的分装传输和发货。最受欢迎的布料会被摆放在裁布机附近，以确保更高的配货效率。我问他是不是聘请了供应链顾问或者效率专家来设计这座仓库。他的答案大出我的意料。

“没有。其实这个仓库是我自己学着设计的，我在 YouTube 上看过了亚马逊的视频。”他看的是讲解亚马逊物流中心运作方式的视频，每当看到重点出现时他都会停下来记笔记。他有点不好意思地说道：“我不想显得很自大，但我真的只看了那个视频就学会了。”一家以教学视频起步的公司在用其他人的教学视频来发展壮大，堪称绝配。

在密苏里明星绗缝公司开业之前，汉密尔顿最引以为傲的称号是零售大亨詹姆斯·卡什·潘尼的故乡，后者用自己的名字创办了风行全美的连锁百货商店 JCPenney（杰西潘尼）。为了纪念自己的故乡，他于 1924 年在汉密尔顿镇中心的北戴维斯路上开设了第 500 家 JCPenney 商店。然而，在密苏里明星绗缝公司远未出现之前，这家商店就已经关门了。后来多恩一家买下了这座建筑作为销售纯色布料的商店，不过作为致敬，他们将其命名为“潘尼的绗缝店”（Penney's Quilt Shop）。这家店一面墙上挂着一块纪念这位故人的牌匾。

“绗缝是一门日渐衰落的手艺，我们一定要好好维护它。”阿尔说道，“通过专注于这个非常细分的领域，我们建立了自己的品牌，也得到了一些关注……我们乐意投身于这项事业，让观众们感受到我们的真诚。这是大多数公司都做不到的事情。”

我在从汉密尔顿驾车回到堪萨斯城的路上不禁想到，如果我去参观 20 世纪 60 年代早期的阿肯色州本顿维尔（沃尔玛的总部所在地），看到的景象应该也不过如此。密苏里明星绗缝公司与“沃尔顿廉价商店”（沃尔玛的前身）有许多相似之处，它们都是家族经营的产业，都有同样对自己的事业充满激情的创始人，都在极短的时间内实现了高速增长。我不是说密苏里明星绗缝公司会成为下一个沃尔玛，或者下一个 JCPenney。[①] 但是多恩一家正在做的事情是，用一种全新的经营方式在全球范围内吸引多达数十万的粉丝，同时让整座小镇重新焕发活力。

“这个过程很有趣。”阿尔说道，“但如果我们没有这种向外界推广的能力，我可能在很早之前就放弃了。因为说实话，如果没有 YouTube，我也看不到这个机会，没有人能看到这个机会。”

---

① 巧合的是，沃尔玛创始人山姆·沃尔顿的第一份工作就是 JCPenney 的管理培训生。

第 8 章

缩小“广告狂人差距”

打造主流影响力

在我看来，珍妮、莉莉、泰勒、汉克和约翰的故事反映了成功的 YouTube 创作者的一些基本特质。他们擅于建立和培养粉丝群体；他们待人真诚，敢于向大众展现自己生活中最真实的一面；他们知道如何制作能够吸引全球观众的视频；他们特立独行，总能坚持自己的观点；他们明白小众爱好的价值，认识到与其聚集一群无关紧要的看客，不如抓住少数充满热情的粉丝。

我们的创作者正以这些方式改写好莱坞的规则。他们不会与自己的粉丝保持距离，而是与他们直接对话。他们不屑于传统明星长期遵循的形象管理和观众调查手段。他们不止满足于本土观众，而是尝试尽可能扩大自己内容的传播范围。他们深知最个性化和独特的东西往往最能吸引大批受众。

尽管媒体行业的规则正在被颠覆，但无论是 YouTube 创作者还是好莱坞明星，他们身上几乎都有同样一个特点：勤奋。我在前面的章节里提过，人们会把病毒视频误解为一夜成名：对于迅速走红的个人或事物，人们会倾向于认为这只是误打误撞。但其实对于绝大多数订阅者超过百万的 YouTube 播主来说，成功意味着要在一片未知的领域坚持不懈地探索，意味着要毫无保留地投身到这项事业之中，意味着你为大众制作的内容要经得住时间的考验。在 YouTube 上风靡一时的鸟叔，他在《江南 Style》走红前两年已经开始向 YouTube 上传音乐视频，而他发售第一张专辑的时间还要再往前推 10 年。

事实上，深入了解成功的 YouTube 创作者，你会发现他们基本都经历过一段漫长的奋斗过程。汉克、约翰和泰勒都是在 2007 年加入 YouTube 的，但是他们并没有多少火爆的视频作品（泰勒的频道只有三个观看量达到 1000 万的视频，而汉克和约翰只有一个）。YouTube 最早走红的美妆播主米歇尔·潘是在 2006 年加入的。YouTube 最受欢迎的频道之一，双人喜剧组合 Smosh 甚至在 YouTube 尚未成立的时候就已经开始制作视频——他们之前在自己的网站上传视频和 Flash 动画，后来在 2005 年开始转向 YouTube。此外，有不少成功的网络内容制作公司，比如 BuzzFeed、CollegeHumor 和 Vice，它们的创始人都是在 YouTube 出现之前开始制作网络视频的，只是到了后来才通过 YouTube 吸引了庞大的观众群体。

我第一次听说阿丹德（sWooZie）[①] 是在 2016 年，他当时受邀前往白宫采访刚参加完国情咨文演讲的前总统奥巴马。在这场对话中，他向奥巴马提出了一系列深入而尖锐的问题，包括警察暴

---

① 学生时代的阿丹德非常钟爱耐克这个品牌，于是其他孩子都叫他“swoosh”（耐克商标的名字），后来这个昵称慢慢演变成“sWooZie”。

力和种族定性问题，多起轰动的校园枪击案，以及如何应对网络过激言论。不过他接着又问了一些比较轻松的问题，比如奥巴马更喜欢德雷克还是肯德里克·拉马尔[①]。因为我当时没有听说过阿丹德的频道，我以为他是个最近才走红的YouTube新人。但后来我去查看了他的频道，发现他最早的视频是在2006年2月上传的，当时YouTube也才成立几个月。

我向阿丹德了解他如何走过这段超过10年的历程，他说自己的YouTube生涯其实源于他一次上电视的经历。他以前曾经在奥兰多硬石酒店（Hard Rock Hotel）当过一段时间的保镖，当时还是一位小有名气的电竞选手，甚至还受到DirecTV的邀请前往参加他们主办的一场电竞赛事Championship Gaming Series。他的同事们都对他参与电视节目录制的经历很好奇，于是他决定把自己的见闻录下来放到网上。“每次回到硬石酒店上班我都要不停地给身边的人讲上电视是怎么一回事，”他说，“所以我后来想到，‘要不我把这些东西做成一个YouTube视频，这样就不会再有人来烦我了，我的休息时间也不会被这些事情占用了’。”

他开始以视频日志的形式记录自己参加电视节目的经历，那时候的明星还不会经常把节目的幕后花絮拍下来分享出去。他的做法十分超前，所以他能在没有太多干预的情况下拍到一些罕见的电视幕后制作片段，这些内容也为他带来了一群粉丝，不过他

① 奥巴马给出的答案是：“我更喜欢肯德雷克”。

从来没有把这当成是一项全职事业。[①] 在接下来的4年里，阿丹德一直采用这样的模式：一边做着保镖的工作，一边作为职业电竞选手参与电视节目，偶尔把自己拍下的视频上传到YouTube。有时候他还会在视频中展露一下自己的动画天赋——这是他坚持多年的一个爱好，不过他的视频和频道一直都没有得到太多的关注。后来到2010年，他遇到了职业生涯的一个转折点。

阿丹德恰好有一个朋友是米歇尔·潘的同班同学，那位朋友把他在YouTube上的早期成果告诉了米歇尔。当时米歇尔已经是YouTube上人气最高的明星之一，她感觉阿丹德也有机会脱颖而出，于是她找到阿丹德，鼓励他专注于发展自己的YouTube频道。当得知米歇尔每天都能通过自己的视频赚到300美元时，他感到十分惊讶。“我当时在想，‘什么？你只是在自己的卧室里面化化妆就能赚到这么多钱？’”为了进一步说服他，米歇尔邀请他一起参加一次纽约周末旅行——这是由她的合作品牌全程赞助的一次活动。

这次旅行让他十分享受。“我感觉自己就像亚瑟小子（Usher），”他告诉我，“我们就走进餐厅，坐下来，吃饱，起身离开，不用给一分钱。所有花费都会被报销，所有东西都有人帮我

---

① 其实早在2007年，YouTube内部已经有员工发现了阿丹德的频道，并向他提供了一份协议，以广告分成为条件邀请他成为YouTube合作伙伴计划的首批成员，但他没有接受这项邀请，原因是他担心要删除自己的部分视频，并重新开始建立自己的频道。

们打点好，这实在是令人难以置信。酒店房间？太棒了。我们把迷你冰箱里面的东西都清空了，早中晚三餐都点的牛排，简直疯狂。以前我跟家人去住酒店时，他们会对我说，'迷你冰箱你连看都不要看一眼'。但米歇尔叫我'把迷你冰箱里的东西都吃完，不然我们就亏了'。所以当时我就在想，'好吧，如果我每次去酒店都能清空迷你冰箱，那我就应该认真看待 YouTube 这件事了'。"

在这段疯狂的旅程当中，米歇尔还向阿丹德灌输了规划发展路径的重要性。"你有两种走红的方法，"她告诉他，"你可以靠运气走红，也可以靠策略走红。我建议你靠策略。"她仔细查看过阿丹德的频道，并给了他一些能够指导他后续 YouTube 生涯的意见。"我注意到你的动画视频表现最好，所以你可以在其他视频里加入更多的动画元素。"她还建议他把视频控制在较短的时间里，因为那些十分钟的幕后花絮视频限制了他的曝光量。另外她还说他应该专注于构思更吸引人的标题、制作更好看的缩略图，阿丹德把这些建议都记下来了。

那个周末结束后，充满灵感的阿丹德花了几天时间筹划自己的下一个视频。他注意到自白视频（在视频中坦白自己的工作或感情关系）是 YouTube 当时的一大趋势。自白视频本来就能很好地激发观众的好奇心，因为他们会期待听到播主们埋藏在心底的秘密。他回顾了一下自己以前的经历，想起自己曾经在迪士尼做过一段时间的兼职，于是他开始构思关于这段工作经历的自白视频。他想到迪士尼这个品牌本身就有很大的号召力，而且这个视频至少会吸引迪士尼现在的员工观看。“我在谷歌上搜到迪士尼在全世界拥有 6 万名员工，我算了一下，也许这是个不错的开始。”他的目标是达到 6 万的观看量。他花了一个通宵的时间把那个视频剪辑出来，并在早晨 6 点把这个题为“一个迪士尼员工的自白”（Confessions of a Disney Employee）的视频上传到 YouTube。然后他就上床睡觉了。

等他在中午醒来的时候，这个视频的观看量已经突破了 10 万。“到那个时候我还能叫出我大部分订阅者的名字，比如‘噢，那是道格，这个是莎拉’。然后我去看了一下自己的 Twitter 账户，它看上去就像被黑客入侵过一样，因为我收到了无数条不知道哪里来的推文，其中有一条留言甚至来自阿富汗的一个 DJ，我当时在想‘这到底是怎么回事？’”

我在本书的开头说过，现在是最容易成为视频明星的时候。任何人只要拥有智能手机和互联网，就有机会触及全球 15 亿观众，这种视觉媒体的大众化是前所未有的。拥有 40 年经验的资深媒体人杰弗瑞·卡森博格这样告诉我：“今天我们有最丰富的机会，最多的分发平台，最强烈的观看意愿，和最多的消费内容。这实在令人惊叹。”

但是更多的机会也带来了一些负面影响。“与此同时，”杰弗瑞继续说道，“现在被制做出来的内容也是最多的。”换言之，内容创作的大众化引发了激烈的竞争。2016 年，YouTube 每天都有过千名创作者的订阅者人数突破 1000 大关。虽然现在似乎人人都有机会，但是在众多选择之间抓住观众宝贵的注意力成了一件空前困难的事情。

有观察者指出这种现状会让新晋创作者或音乐人更难获得成功，但我并不认同。也许媒体行业从来都不是一个只靠实力就能成功的世界，但是跟从前被少数人把持的成名模式相比，一个面向所有人开放的体系更能发挥实力。如果说媒体行业的传统成功模式是对号入座，那么现在的成功模式就是一个人人都能参与的抢座位游戏。要抢到一个座位可能很难，但至少每个人都有机会尝试。

凯西·内斯塔特是一位曾经获得独立精神奖的电影制作人，他在开设自己的 YouTube 频道之前出品过一部 HBO 剧集。他向我解释了这种凭实力说话的新模式：“人们观看我的内容是因为他们在意我，而不是因为我认识 HBO 的前节目总监卡洛琳·施特劳斯……现在是传媒行业有史以来机会最多的时候，而且这些都发生在一个民主平等的平台，任何人在这里的起跑线都是一样的。就算你是一个来自美国中西部的穷孩子，只能拿一部低端 Android 手机到图书馆蹭免费的 Wi–Fi，也能得到跟史蒂文·斯皮尔伯格一样的机会。观众不会在意你是谁，如果那个中西部孩子做出来的东西更好，人们就会更愿意看他的东西，成功属于能够满足观众观看需求的人。”

按照上面的观点，我问凯西会对那个刚起步的中西部孩子给出什么建议。他告诉我，唯一的答案是要找到自己的路。“如果你想在 YouTube 通过模仿其他人做过的事情来取得成功，你就已经失败了。因为没有两条成功轨迹是一样的……想在 YouTube 上成功，真的要走自己的路。如果你在一个能容纳 2000 万人的泳池里游泳，你可不能随便抓住一个人的脚就说‘这个肯定也适合我’。你必须要有一种超越内容本身的独创性才能取得成功。”

我向几位创作者也问过类似的问题。泰勒的建议跟凯西不谋而合，而且他在弗吉尼亚联邦大学的活动上也提出了同样的观点：“向 YouTube 提供只有你能提供的东西。”他说，“你的第一个视频不会有 100 万的观看量，但这没关系。我花了 5 年时间才决定全职去做这个事情。”

汉克则强调了协作的重要性。“找到你喜欢与之共事的人，跟他们一起做点东西出来，虽说在这个时代，自己一个人似乎要更轻松一些，但我认为这其实更像是摇滚乐队——就算你找到了一个主唱，但你总共需要五个人才能做成这件事，这几个人之间需要维持良好的关系，而且你也要享受这个过程。不要自己单干。”

阿丹德给出的答案要比我想象中的精彩和细致得多。“一定要控制视频的长度。”他告诉我，“刚开始的时候，你的观众主要来自你的朋友和家人，既然他们愿意看你的视频，你就要尊重他们的时间。对于刚起步的创作者，我建议时长不要超过两分钟。接下来你可以谈论一些你的朋友和家人愿意分享的东西，而了解这些信息的最佳方式是查看他们日常分享的内容——他们在 Twitter 和 Facebook 上的时间线。深入分析他们都会发什么类型的视频，是分享搞笑视频、猫咪视频还是 BuzzFeed 的视频。想出自己应该怎么做出类似的内容。”

我能听出来，米歇尔当年在纽约跟他讨论 YouTube 策略的经历对他产生了很大的影响，而且我向他提出的问题越多，就越能体会到他在视频创作上的独到心得。“不知道你有没有注意到，我的一个小秘诀是在视频开头前 15 秒内讲一个笑话或提一个问题。”他解释道，“现在我们都成长于网络时代，都有注意力不容易集中的问题，我在观众关掉视频之前只有 15 秒时间，而且前面还有 5 秒的广告时间，所以我只有 10 秒的时间来抓住观众注意力。”

我没想到他竟然有如此细致入微的运营策略，他说自己的这些心得其实来自他之前的职业电竞生涯。“我所做的是跟全世界最顶尖的高手过招。”他说自己一定要抓住对手的细微破绽，“所有电子游戏都是以动画为基础的，没有游戏可以脱离最基本的动画显示原理。所以如果我能记住每个角色的每一帧动作，比如你在《街头霸王》里选了肯这个角色，我知道他有一个挥拳动作是 9 帧的长度，如果我挡住了这一拳，这个角色会有 4 帧的后摇动作。在这 4 帧时间里，你将无法防御我的任何攻击。任何格斗游戏都可以这样条分缕析。我在 YouTube 上也是采用的相同的策略，而且也行得通。”显然，阿丹德的策略是游戏化 YouTube。

“在格斗游戏圈里，我们把这个叫作‘yomi’，这个说法来自日本，意思是预判对手下一步动作的能力。在你分享我的视频之前，我就知道你肯定会分享，这是最好的状态。事实上我从一开始就是这样做的。我只需要确保我的朋友会分享我的视频，他们的朋友在看到后会继续分享，我的视频就能一直扩散下去。现在人人都把‘病毒视频’挂在嘴边，我觉得这已经让它失去了原本的意义，因为大家只会想到，‘这是病毒视频，说明有很多人看过它’。不是的，病毒视频就像感冒一样。比如我感冒了，我摸了一下这个门把手就会把感冒传给另一个人，然后一传十，十传百。病毒视频就是一种会传染的好东西，所以我想制作一些像流感一样的视频，人人看到都会分享它们，然后它们就会变得无处不在。”

当然，成功也会带来一些麻烦。虽然我在前面的章节提到，现在的成名之路也许要比以前更灵活，但是成名的弊端却没有太大变化。阿丹德向我讲述了他在拍摄电视真人秀节目之前接受的媒体培训。“他们在第一天就告诉我们的一件事是，‘你们现在其实在一个温室里面，踏出这里之后，你们就属于外面的粉丝了。如果你不喜欢这种说法，这就不是你应该来的行业。如果你不喜欢你在家门外丢的垃圾会被人翻找，这就不是你应该来的行业。他们会想了解你的事业，了解你的情感生活，了解关于你的一切。

所以如果这让你感到不适，这就不是你应该来的行业’。”

在讨论成名的利弊的过程中，阿丹德想起了自己之前在硬石酒店保护名人的经历。身为首席保镖的他经常能见到一些大人物，有些名人，比如Jay Z，会热情地为每个粉丝签名和拍照，但也有一些名人“不喜欢他们的粉丝”。他告诉我，而且不想跟他们有任何互动。

“我记得有一群粉丝认出了一位摇滚明星，马上冲到他跟前，但那位摇滚明星连正眼都不瞧他们一下。”阿丹德说道，“我当时在想，‘你在开玩笑吗？这群孩子是你能站在这里的原因，而你却对他们不屑一顾？’我告诉自己‘如果我能站在那个位置，我肯定不会像你这样’。”在开始积累自己的粉丝后，阿丹德会尽可能回复所有粉丝发来的邮件、私信和评论，他一直信奉“你的粉丝就是你的老板”。

对于部分创作者来说，尤其是那些在YouTube上记录自己感情生活的创作者，温室里的生活或许也没有那么容易。查尔斯·特里皮是世界上坚持拍摄视频日志时间最长的人（目前已坚持超过8年，而且仍在继续），他与一直在视频日志中出现的妻子艾丽·斯皮德离婚的消息让无数粉丝心碎。杰西·韦伦斯和珍娜·史密斯也有类似的故事，他们曾经共同运营过一个非常成功的频道PrankvsPrank，后来他们将这个频道分成两个单独的视频日志频道。在开始这项试验的4年后，这对情侣对外宣布分手，他们表示每天记录自己生活带来的压力是他们分开的原因。

泰勒的巡回纪录片中出现了好几个让他狼狈的场景，首先是他在参加一个节目后被粉丝尾随到酒店，还有他去参加一场VidCon组织的粉丝见面会的时候，工作人员没有为他安排好离场通道，导致他在大批粉丝包围下无法离开。他说自己不太确定是否要在纪录片中加入这些场景，因为这些场景并没有把他展现在最合适的灯光之下。“在YouTube上，我可以轻易在三分钟内展现自己最光鲜的样子。”他告诉我，“但是在那个纪录片里面，我就是个镜头下的普通人，拍摄现场总有不够好的地方，没有完美的灯光，我也没有表现出最佳的情绪。”

我问他所面临的这些情况是否跟传统的名人一样。“我认为这种娱乐形式还是比较与众不同的，例如跟电影明星相比，虽然这份工作确实也不容易，但是他们一年可能只会参加一个电影项目。”他说，“他们可以在一段时间内淡出银幕，他们的观众也不会认为这是个问题。”

“对于YouTube创作者来说，每周都是工作时间，没有什么淡季可言。这是一件长期持续的事情，而且对于我们很多人来说这已经持续了接近十年的时间。我也涉足过好莱坞的工作，我发现自己在那里能够得到更多的支持。但是YouTube播主的工作就太孤独了，大多数时间你都在独自一人写脚本、制作、剪辑和发布。视频制作不是说随便做点什么东西就能指望它火起来。你还要做内容推广、粉丝互动等各种烦琐的工作。如果有人问我每周工作多少个小时，我会反问道，‘我每周醒着的时间有多少？’”

但所有这些努力并不一定能得到人们的认可。“我认识的最勤奋的人都是跟我一样的 YouTube 播主，但是我们连让人们接受这是一份正式工作都很困难。”泰勒告诉我，“虽然没有人认为 YouTube 播主是什么大人物，但他们仍然要承受成名所带来的压力和责任。一个人的名气只体现在他是否拥有大量的受众。如果你最新上传的视频的观众比 HBO 电视剧大结局的观众还多，我可以说你已经是个名人了……如果你的名气从一开始就受人质疑，还怎么利用自己的名气呢？”

泰勒的问题是我想在这本书里探讨的一个基本问题。YouTube 的兴起已经影响了这么多人，还改写了媒体行业的运作模式，为什么它还是如此难以得到人们的重视？很多文化评论家都轻率地认为“网红”是没有价值的，他们的成功与他们的付出不相称。

截至本书成稿时，YouTube 人气最高的创作者是菲利克斯·谢尔贝格，也就是 PewDiePie——但在我们努力争取大众认可的过程中，他帮了倒忙。2017 年初，他以节目效果为由发布了多个含有反犹太内容的视频。虽然菲利克斯最后也承认了自己的无礼行为，但在我看来，他低估了自己身为 YouTube 人气最高的代言人的责任，尽管他本人并没有恶意。

很多人都会把菲利克斯的情况与梅尔·吉布森和查理·辛等好莱坞名人相比较，因为后者也发表过一些种族歧视言论。不过我认为一个更恰当的类比应该是泰德·丹森。

丹森是 1993 年最当红的电视明星，当年他参演 11 年之久的电视剧《干杯酒吧》（*Cheers*）进入了最终季，他在剧中饰演的是大受观众欢迎的酒保山姆·马龙。该剧的最终大结局吸引了超过9000万观众——这是电视史上收视率排名第三的单集。5个月后，他与当时的女友乌比·哥德堡共同出演了一个小品节目，他在其中扮演黑人，讲了好几个带有种族歧视色彩的笑话。我相信丹森和菲利克斯都没有恶意，但他们都用了一些非常无礼的语言和图像来开玩笑，这样做确实有失体面。

我希望其他创作者能够从菲利克斯的失败中认识到，尽管他们的名气都是凭借自己的作品争取的，但是成名也意味着责任：你要注意自己的言行，认识到自己的影响力，把握好娱乐观众和冒犯他人之间的尺度。

YouTube当然信奉言论和表达自由的重要性（对于从小只能看受国家控制的节目的我来说尤其如此），但是创作者有权利说出不当言论并不代表他们有必要这样做。在这个网络新闻全天候轮播的时代，行为不当带来的风险只会被放大。如果泰德·丹森当年犯的重大错误被上传到YouTube，我认为他以后再也不会有其他机会了。

话虽如此，但如果你认为菲利克斯（或者其他网络名人）的走红只是不劳而获，可能你低估了网红这个职业所需要付出的汗水。对于身处任何行业的人来说，运气都是取得成功的重要因素。但是在如今的媒体行业，运气的作用已经大不如前，因为现在的新星不是被造出来的，他们是被选出来的。批评这个体系的人，其实是在反对大众的喜好，这与网红的职业性质无关。

“你不是非要喜欢YouTube的流行。”泰勒告诉我，“你不是非要看上面的内容，但你不能否认它的存在。总有一些电视节目或电影是我永远都不会看的，但我不会否定它们作为娱乐作品的价值。”

当然，在如今的互联网上，有人可能会莫名其妙地被推向人气的巅峰[①]，但你需要坚持不懈地投入才能维持自己的人气。光是达到人气巅峰这个想法就能给创作者带来极大的压力。“互联网可以是个冷酷无情的地方。”阿丹德说道，“我见过有些人气比我高得多的YouTube播主，但他们在人气下滑之后直到现在都没有恢复过来。”虽说观众总是善变的，但是在这个以订阅数量论成败的平台上，你可以清楚地看到一个创作者目前的状态。阿丹德将创作者的成功比喻成“看不见的酷”。他告诉我：“一旦你的频道失去了这种看不见的酷，你就几乎不可能重回正轨了。”

阿丹德研究过一些曾经人气登顶的频道和创作者，他发现他们后来人气下滑的背后有一个共同的原因：缺乏新鲜感。“如果你的观众能预知你接下来要做什么，那你就开始出问题了。”他告诉我。他提到有些他很喜欢的YouTube播主也变得程式化了，从内容类型到拍摄技巧都形成了固定套路，以至于有时候他不用点开一个视频就能知道里面会有什么。他告诉我，坚持创新和尝试新

---

① 比如病毒视频“Damn, Daniel.”的主角。

事物是最重要的，但同时不能超出观众的理解范围。他向我重申："粉丝是你的老板。"

在成功建立自己的频道之前，马修·帕特里克曾经为创作者和品牌提供过多年的 YouTube 策略咨询服务。我问他在内容创新的过程中遇到过怎样的困难，他将创作者的成功历程比喻成一台不停运转的跑步机。"你要不断领先自己一步。"他告诉我，"你要不断推出视频。YouTube 可不会考虑你是不是心情低落或者灵感枯竭。外面有这么多内容，这么多有才华的创作者，而且人们在网上的注意力时长又这么短。几个星期的休息时间很有可能让你流失大批粉丝。"[①]

接下来还有观众评论的问题。

粉丝社区管理的一项重要工作是阅读粉丝发来的留言，有时候这可能是一件苦差事。用马修的话来说，这让视频创作者成了"一份最困难但最有意义，最打击情绪但最鼓舞人心的工作。最能让我们开心的事情莫过于在线下与大批粉丝见面，或者得到粉丝的肯定，比如'我之前经历了一段艰难的日子，是你让我挺过来了'，'看到你的视频让我感觉好多了'，'这集的内容帮我通过了测验'。"

"但是在多数正面评论以外，总会有人无缘无故辱骂你，无法理解你的视频，或者恶意贬损你。很多时候，这种情况都会让创

① 他的经纪人告诉我，如果你想像马修一样取得成功，应该看看他连续签名三个小时的视频，从中了解他为此付出的心血。

作者十分难受，因为他们总是无法摆脱这些喷子。”

这让我想起了莉莉和我分享过的一个经历，有人在她的视频下面留下了这样一条评论：YouTube 播主们应该回学校好好学习怎么做一个正常人。她说自己被这样的评论吓到了。

我问马修这一切是否值得他去承受如此大的工作压力。“完全值得。”他说，“我经常跟其他人强调的一点是，你收到的正面粉丝评论，你能为他人带来的正面影响，终究要比那些不讲道理的喷子有价值。你只需要记住这点，无论你是不是 YouTube 播主，你在生活中任何一个方面都不可能取悦所有人，没有一种做法能同时让所有人都开心。只要你认可自己创作的内容和你产生的影响，就完全值了。”

为了帮助我们的创作者得到认可和保持影响力，YouTube 正在努力为他们缩小“广告狂人差距”——这是我们内部的一个说法。到 2013 年，我们有很多人气明星的观众数量已经超过了（有些甚至是远远超过）他们在电视领域的对手。贝瑟妮·莫塔是一位年仅 18 岁的时尚播主，每周观看她的视频日志的人比《天桥骄子》（*Project Runway*）的观众还多。罗姗娜·潘西诺烘焙的游戏角色主题杯子蛋糕要比《铁人料理》（*Iron Chef*）的菜式更受欢迎。专为千禧一代制作全球新闻和纪录片的 Vice 吸引了比《安德森·库珀 360 度观点》（*Anderson Cooper 360°*）更多的观众。整体而言，美国任何一家有线电视网络的观众都比不上 YouTube。

尽管取得了这样的成绩，但大多数美国人仍然没有听说过贝瑟妮、罗姗娜和 Vice。相比之下，《天桥骄子》《铁人料理》和《安德森·库珀 360 度观点》都是家喻户晓的节目。我们的创作者很难得到主流媒体和好莱坞业内刊物的报道，甚至连新媒体网站也会经常忽视他们。每当我们的公关人员向杂志或日间电视节目介绍这些创作者时，他们收到的回应往往是长时间的沉默、茫然的凝视或者直接回绝。

除了不受媒体待见以外，品牌也不愿意向拥有大量观众的 YouTube 明星投放广告，它们给出的理由是他们的内容并不能作为“优质”的广告库存。这里的“优质”有两方面的含义。一个含义是 YouTube 播主制作的内容质量可能不如电视上的同类内容。跟在卧室拍摄的免费视频日志相比，如果一个电视节目拥有数百万美元的制作预算，还邀请了海蒂·克拉姆作为嘉宾，品牌肯定更愿意向后者投放广告。另一个含义是，由于 YouTube 的观众群体相对比较年轻，从可支配收入和文化影响力的角度来看，他们在品牌眼中的价值会更低一些。

除了难以获得广告收入以外，创作者在谈判代言合约，获得经纪公司认可，或者独立于 YouTube 发展方面都困难重重。尽管他们已经得到了惊人的“收视率”——每周都有数千万观众收看他们的内容，然而他们的人气还没有转化为对主流文化的影响。我们的顶尖创作者更像是你从来没有听说过的小众乐队，但是在 2013 年，这些创作者的观众都要多于购买贾斯汀·汀布莱克最新专辑的人。[1]

差不多同一时期，电视上播出的《广告狂人》（*Mad Men*）确实成了一个文化现象。当时人人似乎都知道唐·德雷珀和斯特林库珀广告公司的团队成员。该剧的主演乔恩·哈姆也因此成为梅赛德斯 – 奔驰和美国航空公司的广告代言人。多家媒体、播客和娱乐杂志都在深入剖析这部电视剧。突然间，全美国的酒保好像都系上了细领带，而且都知道如何调制一杯像样的经典鸡尾酒。然而，《广告狂人》收视率最高的单集在全美范围内也只有 350 万观众，而米歇尔·潘最热门的视频光在加州就有 400 万观众。[2]

我们该如何解释这种“广告狂人差距”？为什么我们即使拥有如此庞大的观众群体，也无法获得同样的影响力？

这背后的部分原因在于我们的观众遍布世界各地，而不是集中在美国国内，所以我们更难在具体的市场做到深入人心。另一个因素是我们观众的平均年龄要比电视观众年轻许多。有线电视观众的平均年龄超过 50 岁，广播电视观众的平均年龄超过 60 岁，但我们的观众平均只有二十几岁。这个年龄差距也许能吸引面向千禧一代的媒体，或者希望扩大全球影响力的品牌，但总体而言这确实是个负面影响。

不过我们更大的问题在于推广。尽管 YouTube 向创作者提

① 贾斯汀的《The 20/20 Experience》是 2013 年最畅销的音乐专辑，它在当年取得了 243 万份的销量。

② 那是一个教导如何化出芭比娃娃妆容的视频，但仍然能如此受欢迎。

供了强大而免费的内容分发方式，但他们并没有得到同样强大的内容推广方式。虽说我们向新观众推荐了内容的算法——事实上，YouTube 用户的大部分时间都花在了观看这些推荐内容之上——但它们的主要作用还是维持现有的观众，因为他们本来就是我们平台的重度用户。而我们有很多创作者都是在自己的卧室开始视频制作生涯的，他们没有足够的预算去投放平面广告或电视广告。几乎所有知道某个创作者的人本来就是他的观众——相比之下，很多人虽然听说过《广告狂人》这部电视剧，但他们可能连一集都没看过。

在这种状态下，我们的创作者跟传统名人相比更像是一群创业者。他们在朋友和家人的支持下开展自己的事业；在继续发展的过程中，通过口碑和人脉不断扩大自己的影响范围；后来他们的规模已经能为他们带来一些收入（主要通过 YouTube 的合作伙伴计划），然后他们会将这些收入重新投入到获取新观众上面。但正如一家创业公司，这种再投资主要还是体现在产品（视频）之上，而不是市场营销或公共关系之上。即使创作者能够获取数百万观众，他们实际上仍然要通过口碑传播来获取新观众。

另一方面，电视和电影工作室拥有充足的营销预算，这笔资金通常能与电视节目或电影的制作成本相当。它们会为最新的节目和电影投放大量的广告活动与巡回发布会，虽然这些营销投入的观众转化效率不算高（很少有人会因为看过某个广告或者读过一篇介绍文章而成为相关电影或节目的观众），但这种方式确实能很好地提升观众认知，增加媒体曝光，吸引更多的广告收入。

面对这样的“广告狂人差距”，我们认识到如果要提升YouTube 明星的影响力，并为他们的频道争取更多的广告收入，需要借鉴好莱坞的做法，加大对营销推广的投入。我们要开展制片公司所擅长的大范围传统营销活动，为 YouTube 的少数代表创作者增加曝光量。

从 2013 年开始，我们已经为 YouTube 的人气创作者和频道投入了数千亿美元的营销资金，为他们投放电视广告、户外广告牌，以及网站和应用广告。在洛杉矶、纽约和芝加哥这些重点广告市场，我们的广告甚至出现在了地铁车厢、壁画和出租车上。我们在麦迪逊大道举办了粉丝见面会，在《Allure》、《17》和《娱乐周刊》(*Entertainment Weekly*) 等平面媒体上购买了推广软文。此外，我们甚至在《广告狂人》第六季的首播前投放了一段电视广告，这简直是最合适不过了。

在开展这些广告投放活动之前，我们预期可以在一年之内让认可 YouTube 的广告主增加 20%，不过我们在三个月不到的时间就达到了这个目标。90% 的广告主表示这些广告改善了他们对YouTube 内容质量的印象，77% 的广告主表示他们会更有可能向我们的平台投放广告。

我们很快就得到了媒体圈的认可，并引起了许多知名刊物和脱口秀的关注。我们之前向《人物》杂志发出的邮件和通话邀请都没有得到回应，但是在我们的广告活动之后，他们对我们第一批挑选出来的三位创作者（贝瑟妮·莫塔、罗姗娜·潘西诺和米歇尔·潘）都做了专题采访。电视上也出现了类似的情况。在我们开始投放广告的几周后，罗姗娜就在一个电视节目中跟阿尔·洛克一起烘焙杯子蛋糕，萨凡娜·格思里对她的评价是"一颗冉冉升起的巨星"，米歇尔也在《观点》（*The View*）中跟芭芭拉·沃尔特斯等主持人谈论自己的职业生涯。

这些媒体关注也开始逐渐改变公众对我们的印象。米歇尔、贝瑟妮和罗姗娜在重点市场的认知度提升了一倍有余，而且她们的 YouTube 订阅量和观看量都出现了急速增长。最重要的是，她们的成功为 YouTube 及其创作者群体带来了光环效应，大大提升了我们的广告销售能力和媒体认可度。正因为我们在美国开展的广告活动取得了如此傲人的成绩，后来我们把同样的活动推广到了英国、巴西、日本、印度和澳大利亚等国。

硅谷里面有这样一个说法："市场营销是你为产品失败付出的代价。"这背后的理念是，一款制作精良的软件只需凭借口碑传播即可获得成功。苏珊·沃西基在成为 YouTube 的首席执行官之前，其实是谷歌第一位市场总监，她最开始连一分钱的市场营销预算都没有。

我们在 YouTube 学到的一件事是，创作者和内容既不是软件，也不是产品。在这个流媒体视频的时代，无须依赖营销预算的口碑传播虽然也能让你走得很远，但这种模式还是有它的局限。如果想突破这些局限，你就要寻求"广告狂人"的帮助。

第 9 章

订阅

数字时代的创意变现

166

快速走过旧金山索玛区的第九大街时，你可能不会注意到众筹创业公司 Patreon 的办公室。这座三层办公楼被粉刷成了深灰色，面朝街道的窗户都装上了磨砂玻璃——外面的光线可以透进去，你却完全感受不到里面正在发生的创意。但当你走进他们的会客厅，就被这里散发的活力所包围。身穿卫衣和皮夹克的年轻软件工程师坐在高脚凳上，他们眼前的屏幕在 Slack 频道、Javascript 代码和 YouTube 视频之间快速切换。大楼内部到处都是科技公司常见的便利设施：挂在墙壁上的自行车，会客厅的对面有一个厨房，里面放着一台必备的咖啡机，一个装满免费饮料的冰箱，一个专门存放零食的架子，上面还有一大罐蛋白粉——这些都是一家以男性为主的技术创业公司的标配。但不太常见的是，墙上除了自行车以外还挂着几把吉他，不远处还摆放着一套架子鼓、一架大钢琴和一台电子琴。可能经常有多才多艺的程序员在这里对着乐谱演奏歌曲。

Patreon 在 2013 年由音乐家杰克·康特创办，他既诚挚又激动地向我讲述了自己创立这家公司的故事。身材瘦高的杰克把头发都剃光了，留着一把棕色的络腮胡，身上穿着一件连帽卫衣。尽管外表散发着典型技术创业者的气质，但他说自己之前从来没有想过要开一家科技公司。他 2006 年毕业于斯坦福大学的音乐专业，随后搬进了父亲的家里，追寻自己的音乐梦想。当其他同学都在申请攻读医学院，或者已经找到了技术和金融相关的高薪工作时，他仍然在旧金山本地的演出场所以自己的表演赚取餐费，他的观众主要还是自己苦苦请来的朋友。他在一家叫作 BrainWash 的洗衣店有一份临时工作，那里距离 Patreon 现在的总部只有几个街区。

“那是我人生中一段非常灰暗的时光，”他说，“因为选择追寻音乐的梦想意味着我要放弃 401k 社保和稳定的生活，这种不确定性让我非常不安。”他谈到了自己早期一波三折的巡回演出经历。有一次，他跟一个全队成员都不到 21 岁的乐队一起巡演，他们本来要在一个酒吧演出，但是那个乐队的成员由于出示了伪造的身份证被酒吧保镖拦在门外，于是杰克只能独自演出。“我进去之后里面就只有我跟一个酒保。表演十分钟过后，那个酒保也离开了，剩下我在空无一人的屋子里继续演出。那是我人生中的最低谷。”他在这次巡回演出中赚到的钱还不足以支付他的路费。

但他仍然没有放弃自己的梦想。他后来又做了两次巡回演出，除了独自演出以外，还跟相恋已久的女友娜塔莉·道恩组成了一个乐队（Pomplamoose）。2007 年初，杰克偶然发现了一个 YouTube 视频，里面是一个小孩在用原声吉他弹唱一首歌。虽然这个视频的质量很粗糙，但也得到了 30 万的观看量。“当时我刚刚做完一张专辑，我花了 6 个月的时间才打磨出 4 首歌曲，”他说，“这是我第一张正式专辑，质量可能不算好，但它怎么也要比用网络摄像头拍出来的视频更好，可是我的作品在 MySpace 上每天只能收到三个点击。”他觉得自己没有把作品上传到对的地方。

很快他就开始把精力转向自己的 YouTube 频道，开创了一种新的音乐制作方式——像混音一样将不同的视频片段叠加在一起，这样他就可以一个人同时负责一首歌所有人声和器乐。[1]Pomplamoose 开始吸引越来越多的观众，后来他们通过巡回演出、品牌合作和 iTunes 唱片销售赚到了足够的收入，并在北加州买下了一处农场，好让杰克搬离父亲的房子。

然而，突如其来的成功让这支乐队陷入了困顿。杰克和娜塔莉花了三年时间尝试写出他们下一首大热单曲，但是连一首新歌都没有发表出来，他们觉得自己想出来的东西都不够好。后来，他们决定先搁置乐队的运作。娜塔莉开始在 Kickstarter 上筹集制作一张个人专辑的资金，而杰克开始沉迷于电子音乐。他在自己的工作室里花了两年时间研究音乐手册、学习合成器编程。娜塔莉开始了自己的欧洲巡演，留下杰克独自钻研自己的音乐。最后，他写出了一首名为《Pedals》的回响贝斯（dubstep）歌曲，希望

---

① “视频歌曲”现在成了 YouTube 的一种主流内容。擅长多种乐器的爵士乐大师雅各布·科利尔就是凭借这种风格的内容在 YouTube 上成名的，后来他的专辑《In My Room》在 2017 年获得了两个格莱美奖。

为它配上一段视频后发布出去。

在接下来的三个月时间里，杰克都在忘我地实现自己对这个视频的构想：在一个类似于千年隼号的太空船场景里，各个机器人可以通过旋转升降机升上甲板，而杰克就在这些机器人之间疯狂地演奏吉他。他独自搭建了太空船的场景，把从垃圾场找来的废旧汽车零件组合在一起，将灯泡焊接在墙上，这些工作让他的双手伤痕累累。旋转升降机是他用各种机械零件拼接而成的，他还用到了绞盘、绳索和滑轮来达到自己想要的效果。他在网上找到了一些机器人专家，让他们帮他制作一个会唱歌的机械头部，以及一个会跟着音乐跳舞的 3D 打印蜘蛛机器人。

一切准备就绪之后，他花了三天时间来拍摄和剪辑这个视频。当他正准备把成片上传到 YouTube 的时候，突然停下来想道："我到底在干吗？"

"我刚刚花了三个月的时间，还把全部积蓄都砸进去了，"他告诉我，"我为这个视频烧了一万多美元！然后我要把它放在 YouTube 上，这样我就能从中获得 150 美元的广告收入了。"他之前的视频都能达到 100 万左右的观看量，而且视频评论区的粉丝也十分活跃。他认为这个热情的粉丝群体可以带来更大的价值。"不是说我狂妄自大，我知道我不是 Lady Gaga，我也不是鸟叔，但我每个视频都有上百万的观看量和几十万条评论，还有一个活跃的粉丝社区——这已经有一定的影响力了。我觉得这些价值没有很好地转化成金钱回报。"

失望之余，他产生了一个新的想法。“如果说每次发布一个音乐视频都向我的粉丝要一块钱会怎样？”他说，“不是‘你要支付一美元才能看到这个音乐视频’，而是‘我反正要做音乐视频，因为你已经在 YouTube 上关注我 8 年了，你也知道我一年下来都在干什么。你要不要成为我的赞助人？’这其实是从古到今一直存在的一种艺术创作形式——富人把一袋金币递给艺术家说，‘我喜欢这个，你去做更多这样的作品出来’。”

杰克想在数字时代重新诠释这个古老的概念，从前艺术家的赞助资金只是来自个别富人，现在可以由多个赞助人共同分摊。他的设想是建立一个众筹平台，通过从赞助金额中抽取 5% 的分成来获取收入，这是众筹行业的分成标准。

当时 Kickstarter 和 Indiegogo 已经出现了好几年的时间，但杰克认为自己的平台有一个核心的区别。主流众筹平台主要是为资助单个项目而设的，每个众筹活动也只有一次回报。他的想法是帮助艺术家获取稳定的收入，将原来一次性交付的众筹资金转变为每月重复的收入。

对音乐产业而言，艺人在发表一张专辑后沉寂一两年的时间也很常见，但 YouTube 的模式更偏向于持续不断地输出内容。“作为一个 YouTube 播主，不是筹集到完成一个大项目的资金就可以停下来了。我需要一笔稳定的收入来维持每个月的创作。”

在杰克看来，众筹不一定是一次性的交易，而是可以成为一种订阅服务。这种模式有点类似于社区农业——在农作物的生长季，消费者会向农夫预付一笔钱，之后他们每周都能收到一份农产品。同样，杰克所构想的赞助人可以帮助支持创意作品的稳定产出。

杰克用14页纸写下了他的创业计划，发给了他在斯坦福上大一时的室友，主修计算机科学的山姆·任。山姆在当天晚上就开始编写这个网站的程序。三个月后，也就是2013年5月，Patreon上线了。杰克在上文提到的机器人音乐视频的结尾加上了这家公司的成立宣言，然后把它上传到YouTube。

两周后，他开始收到每个视频5000美元的赞助。

杰克告诉我，Patreon的模式来自《连线》（*Wired*）杂志首任主编凯文·凯利（Kevin Kelly）提出的一个理念——他在2008年写出了一篇题为《1000位铁杆粉丝》（1000 True Fans）的博客文章，当时Kickstarter和Indiegogo等众筹平台都还没有出现，这篇文章为创意职业提出了一种新的收入模式。"1000位铁杆粉丝的概念可以简单概括为——"他写道，"一个创作者，比如艺术家、音乐家、摄影师、工匠、动画师、设计师、作家（也就是任何创作艺术作品的人），只需要获得1000位铁杆粉丝就能维持生活……"

"铁杆粉丝的定义是，他们会购买你创作的任何东西；会驱车200英里来看你的演唱会；会入手你的超级豪华重置高清盒装版作品，尽管他们家里已经有一个简装版了；在GoogleAlert上以你的名字设定提醒；收藏你绝版作品的eBay页面；来看你的首场演出；拿着你的书让你签名；买你的纪念 T 恤、马克杯和帽子。他们总在翘首期待你的下一个作品。”

按照凯文·凯利的设想，铁杆粉丝也愿意每年花费大约 100 美元来支持自己喜爱的艺术家。1000 位粉丝乘以 100 美元就能为艺术家带来 10 万美元的年收入。他提出在这个互联网时代，获取 1000 位铁杆粉丝对于大多数艺术家来说都是可以实现的。“如果你每天能增加一位粉丝，只需要三年的时间。”他写道。

但是这种模式的“关键难题”是，艺术家需要积极主动地与粉丝展开交流。“很多音乐家只想演奏音乐，摄影师只想拍照，画家只想画画。”但现在的新晋创作者已经无法享受这种奢侈，他们必须随时回应自己的粉丝。

我问杰克什么样的创作者在 Patreon 上的表现最好，“最重要的一个特质是优秀的社区管理者，”他说，“这些是在 Patreon 上最受欢迎的人。他们深爱自己的粉丝，他们的粉丝也深爱他们。”在 Patreon 刚起步的时候，有部分投资者向他施压，希望他做一个面向大牌音乐人的众筹平台，但他拒绝了。“我想的不是‘我们去争取电台司令（Radiohead）的加入’。我想的是，‘我们来帮助那些深爱自己的忠实粉丝的艺术家吧，来帮这些人赚钱’。”

从 2013 年成立以来，Patreon 仅仅在 4 年之内就募集了 220 万份赞助认购，每月向创作者支付的金额超过 900 万美元。赞助人可以选择每月资助一笔金额，或者在创作者每次发布新作品的时候提供资助。创作者可以表明自己是否已经做出了达到赞助人要求的新作品，如果赞助人认为创作者没有履行自己的承诺，他们也可以随时撤回自己的认购。创作者也可以为赞助人提供阶梯式的回报，比如专属的原创内容或定制作品，以鼓励他们资助更高的金额。我问杰克每个赞助人平均会向创作者资助多少钱，他说自己当初也对这个数字感到意外。他原本预计每月人均资助金额会在一美元左右，但事实上这个数字达到了 11 美元——刚刚超过了凯文·凯利为铁杆粉丝定义的每年 100 美元的标准。[①]

凯文·凯利的文章描述了一种新型的创意经济。YouTube 和 Patreon 这样的公司让创作者在不为人知和大红大紫之间有了一种新的可能性，他们不需要获得最顶尖的成功也能有所成就。“比起达到白金销量、写出畅销作品和进入名人殿堂，”凯利写道，“（创作者）可以争取得到 1000 位铁杆粉丝的直接支持，这个目标合理得多。你没有飞黄腾达，但也能过上体面的生活。你没有引领流行和狂热，但你有一群紧紧追随你的铁杆粉丝，而且事实上你更有可能最终成为大牌明星。”

“这是有史以来第一次，”杰克告诉我，“YouTube 让小型内容公司成为可能。在 YouTube 出现以前，你要么成为 Lady Gaga，要么只能在酒吧卖唱为生；要么成为福克斯，要么花 300 万美元拍一部无人问津的独立电影，然后申请破产。YouTube 出现以后，你做出来的东西会有人看到，这放在十年前是不可能的……现在

① 这个平均金额通常会被用于资助不止一名创作者。

的大型媒体公司正在不断细分，播客、音乐、视频等各个领域也兴起了许多小型媒体公司，YouTube 是这一切的推动力。”

按照杰克的设想，如果 YouTube 是推动创作者前进的燃料，那么 Patreon 就是助燃剂。他希望帮助那些已经拥有一批铁杆粉丝的艺术家，让他们从 YouTube 频道发展成小型媒体公司。“很多这样的媒体公司正在不断涌现，它们可能来自各个领域，从 RocketJump① 到 Mythical Entertainment②，它们都不是大公司。”杰克告诉我，“它们是小型媒体公司，分别只有 14 名和 30 名员工，但它们的年收入能达到 600 万美元。尽管它们是内容公司，十年前还没有这种类型的小型公司，但是跟其他小型公司一样，也需要相应的基础设施才能发展壮大。所以需要有人为它们建立相应的工具、框架和分析方法，帮助它们发展，最终取得成功。”

杰克的最终目标与汉克的很相似：让大众接受艺术家这种职业，将其从不切实际的幻想变成一份切实可行的中产工作，为人们带来另一种可能更有成就感的职业选择。“我的梦想是，”杰克告诉我，“让马上高中毕业的孩子可以说，‘我以后可以做医生，做播客主播，做律师，做视频创作者’。我希望孩子们从小就意识到这些也是可以选择的职业，如果他们愿意去做。确实，你的工

① 一家由 YouTube 播主弗雷迪·王成立的制作公司，专门制作以电子游戏为主题的节目和电影。

② 一家由 YouTube 播主瑞特·麦克劳克林和查尔斯·尼尔成立的制作公司，代表作是 YouTube 最受欢迎的每日节目“Good Mythical Morning”。

作会很辛苦，你要亲自做各种推广工作，但无论做什么，你都会为之奋斗。我希望能出现这样的想法，‘如果我足够努力，我就可以成为一名音乐家’。”

当时我们正在 Patreon 的一间会议室里，杰克往椅背上一靠，说道，“天哪，这样的世界太美妙了。我们现在还没有实现，但已经不远了。”

在本书中，我花了很大的篇幅来阐述 YouTube 如何以前所未有的方式帮助人们成名，而本章主要探讨的一个问题是，它是否也能为人们带来财富。这也是杰克在建立 Patreon 的过程中所面临的问题：拥有数百万粉丝能否转化为数百万收入呢？

答案无疑是肯定的。有成千上万名创作者每年仅从 YouTube 的广告分成中就能赚取六位数的收入，而且这个数字多年来一直保持连续稳定的增长（2016 年的增幅超过 50%）。另外，由于我们是唯一一家向所有创作者提供广告分成机会的公司，创作者从 YouTube 获得的收入肯定要高于 Facebook[①]、Instagram、Twitter 和 Snapchat。加上人气播主还可以通过品牌合作、周边商品销

① 截至本书成稿时，Facebook 已经与部分大型媒体公司和名人签订了关于 Facebook Live 的合作协议，同时正在探讨为视频帖子提供收入分成的可能性，但尚未公布具体计划。

售、图书协议、巡回演出和媒体亮相机会赚取令人咂舌的收入，YouTube 毫无疑问已经成为，并将持续成为众多创作者的致富之路，其中部分佼佼者的收入甚至可以超过电视或电影明星。

事实上，创意产业是美国经济当中规模和收入增长最快的一个产业。《纽约时报杂志》（*New York Times Magazine*）记者史蒂文·约翰逊撰写过一篇调研文章，他根据美国劳工统计局和美国人口普查局的数据评估出了艺术家在互联网时代的收入水平。尽管收入最高和最低的艺术家总在抱怨互联网对他们的生计造成了极大的冲击，但约翰逊发现在 1999 年至 2014 年间，创意产业从业人员的收入增长一直领先于经济发展。他们年收入增长速度比全美平均水平高出 2%，而且创意产业[①]占美国经济的比重也从 1.2% 增长至 1.3%。

根据 2015 年的数据（这是我能查到的最新数字），创意产业的比重还在进一步扩大，相关从业人员在美国整体就业岗位占比接近 1.4%，而且这个数据并不包含自由职业的创意人员，这个人群的数量从 1997 年到 2012 年增长了超过 50%[②]，而同一时期的劳动人口增幅只有 10%。

我不是说人人都能在 YouTube 上赚大钱，也不是说那些没赚到钱的人不够努力。我能理解很多 YouTube 播主的想法，他们认

---

① 该产业在美国劳工统计局的就业统计数据中对应的主要职业类别码为 27–0000。

② 经济普查数据每隔 5 年才会更新一次，这已经是可以查到的最新数据。

为自己的视频播放量应该更好地反映在自己的收入上，就如杰克曾经的处境一样。事实上，网络创作者通常不得不面临一种在传统媒体行业不太常见的窘迫状态：有名却没钱。

如今，许多社交媒体明星都生活在这样一种尴尬之中，他们已经为大众所熟知，但却无法完全依赖网络红人这个职业获得足够的收入。2015 年，YouTube 播主加比·邓恩在一篇题为《视频日志：不发财就饿死》（Get Rich or Die Vlogging）的文章中公开讨论了这个问题，她举出了女演员布列塔妮·阿什利的例子，后者曾经为 BuzzFeed 拍摄过多部病毒视频，但后来竟然要在 BuzzFeed 举办的金球奖派对上担当侍应。①“很多知名网红看起来都不需要做‘真正的工作’，但他们的经济状况却让他们不得不这样做。”邓恩写道。②

杰克认为，人们已经对艺术家形成了一种固有的印象——他们要么扬名立万，要么忍饥挨饿，但其实这种想法已经过时了。“艺术家的名气曾经是两极分化的，”他告诉我，“但现在的艺术家可以不断累积自己的人气。”在这个过程中，你可能会到达一个你的知名度与财富不匹配的阶段。杰克和 Pomplamoose 就在这个阶

---

① 在一部介绍创作者生活状态的 YouTube Red 纪录片《Vlogumentary》当中，加比在做 Postmates 送货员的时候被人认出来了。

② 如果你在洛杉矶生活过较长的时间，可能会遇到曾经出演某部经典电视剧的明星，接送过你的某个优步司机也有可能是写过多部大热作品的编剧。但是在多数情况下，你遇到的这些名人通常已经处于职业生涯的后期，他们的名气已经大不如前了。

段停留了很多年的时间，他认为 Patreon 可以帮助艺术家摆脱这种困境。

但这并不意味着 YouTube 会对此袖手旁观。我们当然在努力提升视频广告这一核心收入来源。我们会在价值接近 2000 亿美元的全球广告市场争夺更多的份额，在这个过程中，创作者会获得更多的广告收入分成，也会有更多的创作者得到我们的资金支持。自我加入 YouTube 以来，合作伙伴的平均收入均以每年超过 50% 的速度增长。然而，作为一个拥有数百万创作者的平台，如果要为每个创作者都提供六位数的收入，那我们就得成为世界上第一家市值超万亿美元的公司。[①] 有人提出 YouTube 应该提供更高比例的广告收入分成（尽管我们已经把大部分的广告收入交给了创作者），但就算我们是一家慈善机构也无法满足这个高达万亿美元的需求。把全世界的广告投入都算上也无法维持所有 YouTube 创作者的生计。

这意味着我们需要探索其他方式。

对于那些没有到达顶尖人气的 YouTube 播主来说，他们有必要去尝试争取多种形式的收入来源，比如周边商品销售、播客和品牌赞助等。这些变现方式其实跟电视明星没有多大差别，除非你是茱迪法官（她在 2016 年的演出合约价值高达 4700 万美元），否则商品代言仍然是你的一个重要收入来源。

---

① 当然我们也在努力实现这个目标！

在我们举办的一场广告主大会上，约翰·格林向我们最大的广告主表示，他和弟弟从 YouTube 频道赚取的广告收入还比不上他们周边商品的销售额。事实上，广告收入仅占他们整体收入的 20%，而且这个比例还在不断下降。正如我在上一章提到的，你可以在 YouTube 上通过不同的方式取得成功，但几乎所有成功的创作者都有不止一种变现手段。

而 YouTube 要做的就是探索新的商业模式，一种符合当前媒体行业发展趋势的变现方式：订阅。

长期以来，媒体行业主要依赖三种收入来源：广告、交易和订阅。报纸和杂志的收入来自平面广告、报刊亭销售和读者订阅。电视网络会播放电视广告，销售 DVD，向有线和卫星电视收取联盟费用（由有线和卫星电视的订阅用户支付）。[1] 音乐产业原来主要的收入来源是唱片和 CD 销售，现在更多的是依赖数字交易、广告和订阅。

由于流媒体服务的兴起，消费者购买实体音乐和视频的意愿减弱，来自交易的收入也随之降低。[2] 另一方面，来自数字广告和订阅的收入开始提升。

YouTube 的商业模式是建立在视频广告之上的，而且这将一

---

① 联盟费用收入最高的电视网络是 ESPN，它能从每个有线电视订阅用户那里收取 6.61 美元的费用，无论他们是否收看它的频道。

② 图书出版业是一个明显的例外，广告和订阅模式均无法在这个行业立足，而且最近连电子书的销量都开始下降了，传统纸质书的销量不降反升。

直是我们的业务核心，因为这是我们能向世界范围内不断增长的用户免费提供内容的基础。然而，尽管 YouTube 提供的免费体验已经足够优秀，但是 Netflix 和 Spotify 等公司的成功表明人们还是愿意为自己喜欢的高级功能付费。

不过人们是否愿意为音乐、电影或电视节目付费又是另外一个问题了。对于经历过 Napster、文件分享服务和社交媒体鼎盛时期的千禧一代，很多人都质疑他们对娱乐内容的付费意愿。但事实证明，吸引人们为自己喜欢的东西付费是一个相当可行的商业模式，而且收费统一、定期订阅的模式是一种更可靠的收入来源。

订阅服务在智能手机的推动下得到了迅猛发展。媒体咨询公司 Activate 的一项研究表明，订阅服务已经成为移动经济的主导商业模式。2011 年，订阅收入仅占前 100 名非游戏应用收入的 17%，其他收入来自一次性收取的下载交易费用或者“免费增值”模式——用户可以在免费应用中通过付费解锁更多功能。[①]

但是到了 2016 年，这个比例出现了扭转，在游戏以外仍然采用下载收费和免费增值模式的应用已经很少见了，而来自付费订阅的收入占比则飙升至 86%。大多数收入最高的付费订阅应用都是视频或音乐流媒体服务，比如 HBO NOW 和 Pandora，但《纽约时报》和《华盛顿邮报》等应用的订阅收入也不容小觑。事实上，《纽约时报》在 2011 年推出数字订阅服务以后，他们的订阅

① 游戏应用的收入几乎全部来自免费增值模式，所以他们没有把游戏应用统计在内。

收入增速首次超过了广告收入。

订阅模式的崛起也不仅限于媒体行业。几乎所有类型的体验，从约会（Tinder）到冥想（Headspace）再到个人护理（Dollar Shave Club），都在转向订阅模式。现在你可以通过订阅的方式买到太阳能（Sunrun）、名贵手表（Eleven James）和晚餐（Blue Apron）。鉴于智能手机用户早已习惯每个月为手机套餐支付大笔话费，在这个基础上增加一些收费合理的订阅服务也显得不难接受，尤其是它们只需要用户在手机屏幕上点击几下即可完成订阅。在这种便利性的支持下，订阅服务对移动经济的重要性不亚于数字广告之于互联网经济。

当然订阅服务也有自己的缺点。由于没有一个“转化漏斗”——可以被说服转化为付费用户的免费用户群体，它们将很难吸引最初的用户。这也是为什么现在有很多公司会先提供带广告的免费服务，再升级为付费订阅服务。跟免费服务相比，订阅模式还会带来更高的用户流失率。另外，订阅的商业模式还需要一系列直接面向消费者的交流能力，比如付款收取和专门的客户服务，这是很多公司都做不好的事情。

但如果消费者没有在最初几个月流失掉，他们的订阅费用将很有可能成为一笔轻松稳定的收入来源。对于相对依赖广告收入的媒体公司而言，这种稳定性在经济不景气的时期显得尤为重要，因为这种时候广告预算通常是企业最先削减的支出。你可能会认为精明的消费者会在困难时期减少娱乐支出，但事实证明有线电视和移动通信产业在经济衰退时期反而表现坚挺，Netflix 和亚马逊 Prime 的发展也体现了同样的道理。

在拥有 15 亿全球用户作为转化漏斗的支撑下（而且我们的很多用户都在期待无广告的使用体验），我们决定打造一个高级订阅版本的 YouTube，并最终将其命名为 YouTube Red。

YouTube Red 在正式上线之前经过了数次迭代。按照最初的设想，它应该是一项旨在与 Spotify 和 Pandora 竞争的音乐订阅服务，但它的特色是能提供无广告的音乐视频。除了能听到跟其他音乐流媒体服务一样的官方专辑和单曲以外，你还能在这里找到 YouTube 上的海量翻唱、混音和采样内容。为了实现这点，我们的团队投入了大量的时间精力去索引 YouTube 的全部音乐内容，还重新整理了相关的元数据。最终在 2014 年发布了一个测试版本的产品，叫作 YouTube Music Key，用户可以通过这项服务欣赏无广告音乐视频，并把这些内容离线缓存到自己的手机上。

然而我们很快就发现，我们为音乐视频和其他 YouTube 内容设定的界线会让测试用户感到困扰。尽管我们花了很大的力气去区分音乐和非音乐内容，但我们的观众仍然会遇到一些极端情况。如果他们很喜欢的一首歌被用作一段滑板视频或动画片段的背景音乐，那它应该被如何划分？为什么他们在观看这些视频时不能去掉广告？为什么他们不能把这些内容离线缓存到手机上？

我们意识到对于观众来说，为音乐和其他内容划出一条不可逾越的界线并非最佳体验，他们需要的是包含所有 YouTube

内容的高级服务。因此我们在2015年开始了一项极其艰巨的工作——与我们所有的合作伙伴（人数高达数百万）重新签订内容授权协议，从而将他们的内容纳入我们新订阅的服务之中。这就是YouTube Red的诞生历程。

以每月10美元的价格，YouTubeRed的会员可以观看无广告的YouTube视频、离线缓存视频，以及在切换到其他应用时保留YouTube视频在后台播放。我们每月收取的订阅费用会根据用户的观看时长分摊给每一位创作者，而且订阅服务的收费也能确保我们的合作伙伴赚取比广告分成更高的收入。

我们从一开始就把YouTube Red定义为面向移动用户的订阅服务。虽然你可以在手机上观看Netflix和HBO NOW等订阅服务的视频，但是在大多数情况下它们都是在电视或平板电脑上播放的，因为电影和电视剧这种长时间的内容更适合坐在沙发上用大屏幕观看。

YouTube Red有着不一样的定位。比起坐在电视前的观众，它更符合移动观众的需求。YouTube视频会比一般的电视节目或电影短，所以它们更适合用户在移动场景下利用碎片时间来消费。如果你看的是教学视频，便携性就变得尤其重要，比如你需要在水槽下或者车库里观看这些视频。YouTube Red的离线缓存视频和后台播放音频都是移动优先的高级功能。

为了提升YouTube Red会员的吸引力，我们也开始投资制作原创节目：由我们最当红的明星出演的节目、电影和纪录片。不过我们在这个方面也走上了与 Netflix、HBO 和亚马逊不一样的道路。它们主要专注于投资高预算的重量级制作，我们会选择一些已经在 YouTube 上拥有较好观众基础的明星和内容风格。这种模式主要是为了满足 YouTube 粉丝已有的喜好。

YouTube Red 的早期成绩已经十分亮眼，它的订阅用户增长速度超出了我们的预期。而且我们转向订阅模式的做法也受到了汉克和约翰等创作者的欢迎，他们曾公开质疑广告这种商业模式是否适合网络视频。

他们其中一个观点是，创作者目前从视频广告那里获得的收入比不上电视广告。在参观 YouTube 总部期间，汉克跟我们讨论了 YouTube 广告的未来，他跟我们分享了自己的一个观察。“很奇怪的是，”他说，“在我居住的小镇上[①]有两家制作公司。一家是我的 YouTube 制作公司，另一家是专门制作电视真人秀节目的公司。我们的观众数量可能是他们的十倍，但他们赚的钱可能是我们的十倍。”[②]

除了单纯的收入问题，汉克和约翰表示广告模式还有另一个更为致命的缺陷：由于广告需要向尽可能多的人展示，才能发挥最大的效果，因此那些吸引大众眼球的内容将能得到更高的广告

① 蒙大拿州的米苏拉市。

② 他补充道：“同时我们要全权负责我们的所有内容。我们要决定用怎样的方式制作什么内容，还要决定在制做出来后应该怎么处理它们。它们为我们带来收入的时间，都是我们要为它们操心的时间。”

收益，这点就跟 YouTube 拥抱小众内容的精神背道而驰。

约翰告诉我，“社交网络的基础架构决定它总是在追求更多”——更多点击、更多观看量、更多点赞、更多分享。相比起能带来有趣观点或精神启发的内容，广告更偏好那些满足人们最底层情感的内容，比如震惊、幸灾乐祸、性兴奋，以及对可爱事物的喜爱，而它们所对应的内容就是恶作剧和失误，屁股和胸部，小孩和猫咪。

“你可以上 BuzzFeed 看看，人们只能给上面的文章打上‘搞笑’‘什么鬼’‘可爱’‘失误’‘我的天’这样的标签。”约翰说道，“从来不会有一个按钮上面写着‘感谢你向我解释了这么复杂的一个概念’。”

“美味”和“营养”内容之间的对立一直存在于 YouTube。YouTube 刚刚成立的时候，它的创始人最早的一个决定就是禁止色情内容，因为他们担心这些内容会像野草一样迅速占领整个网站。多年以后，随着我们开始引入根据观看量推荐视频的算法，某些带有误导性标题或缩略图的视频会更容易被推荐到首页。我们的用户以为自己要点开的视频是一个最新的电影预告片，某场体育赛事的回放，或者一段热门的新闻视频，但到头来发现那只是某个用户在讨论相关的话题，甚至是完全无关的内容。虽然我们在努力限制垃圾内容，尤其是那些恶劣的点击陷阱（这是一项持续的工作），但显然我们需要采取更有力的措施。

经过大量内部讨论后，我们决定将内容推荐算法的排序依据从观看次数调整为观看时长。观众愿意为某个视频投入的时间能很好地反映其内容的价值，而观看量很容易会被标题诱导的点击抬高，观看量高的内容并不一定是观众喜欢的。

在我们刚开始按照观看时长调整推荐算法的那天，我们的整体观看量一下子下跌了接近 20%，这个跌幅十分惊人，毫不夸张地说，我们公司内部有很多人都崩溃了。但是在观看次数暴跌的背后，我们发现 YouTube 的观众数量并没有减少，而且他们的观看时长反而增加了。这次调整达到了它应有的效果：观众整体观看时长的提升，意味着有更多的人在 YouTube 上花费更多的时间。这项举措让我们在 2016 年达成了一个重要的里程碑，我们的观众每天在 YouTube 上的观看时长突破 10 亿小时。①

即使我们采用了更好的排序依据和激励方式，约翰仍然担心广告商业模式与艺术和学术价值的冲突。听完他的观点之后，我不禁想起了 Facebook 对动态消息内容推荐算法的调整——优先展示好友和家人分享的帖子，减少展示专业新闻媒体发表的文章。在各大社交媒体平台都在抢夺用户注意力的当下，提供更多“美味”的内容难道不是更符合平台利益的做法吗？

幸好在网络视频的世界里，并不是所有人都只爱吃美味的甜点。尽管我们有些观众可能满足于点击陷阱视频，但大多数观众还是有自己的独特口味，他们会订阅多种不同的内容。在我们的

① 约翰·杜尔和克里斯·达根在他们即将出版的新书《Measure What Matters》（意为“权衡重要性”）中详细地讲述了我们达成这个目标的历程。

推荐之下，你看到的下一个视频很有可能跟上一个视频完全不一样——在“甜点”之间为用户提供一些“蔬菜”也对我们有好处。另外，虽然我们有部分广告主只在乎自己的广告能否触及尽可能多的受众，但也有一些要求更高的品牌只希望向优质的内容植入广告（它们的广告报价也会更高）。

最后，我相信 YouTube 有责任维护我们的社区准则，阻止我们的视频中出现垃圾、诈骗、有害、色情、暴力、仇恨和威胁内容。当然我也相信我们有责任支持和遵守著作权法。但在这些限制以外，我不认为我们有权质疑什么样的内容可以在 YouTube 上走红，无论是对难民危机的深入讨论，漫威最新电影的预告片，还是时长两小时的《我的世界》游戏教学视频。

消费主义和艺术价值之间似乎不是总能完美结合，当然我们偶尔还是能看到一些例外，比如涅槃乐队（Nirvana）成了美国最受欢迎的乐队，皮克斯电影取得了惊人的票房成绩，《黑道家族》创下了 HBO 的收视纪录。但是在通常情况下，“美味”的东西始终还是要比“营养”的东西更受欢迎。我们会竭尽所能为 YouTube 打造一个鼓励优质内容的体系，但不会干预人们最终选择观看什么内容。

第 10 章

新闻行业新气象

让用户进入现场

2012 年，我来到了富丽堂皇的酋长宫殿酒店参加首届阿布扎比媒体峰会，这是一场全球媒体、科技和金融精英云集的盛会。就在大会开幕数周之前，YouTube 上有一部叫作《穆斯林的天真》（*The Innocence of Muslims*）的反伊斯兰短片被翻译成了阿拉伯语，并在埃及播出，这部短片在阿拉伯地区引发了大规模的示威活动。尽管如此，我也没有太担心自己的人身安全，只是记得自己当时完全陷入了一种茫然的状态——政治、媒体和新闻都在这里交汇，让人感觉身边的一切都变得十分不真实。

参加完一场座谈会后，我在偌大的酒店里闲逛，想找一个吃饭的地方。正当我走进一家客家人（Hakkasan）餐厅时，我听到从吧台方向传来了低沉的嗓音，“金奇尔先生——”那是一位男士在叫我的名字，他的语气中难掩重遇故友的兴奋。我回头看到一个壮汉正在向我招手，他身旁放着一瓶价值不菲的红酒。那是谢恩·史密斯，Vice Media 的联合创始人兼首席执行官。

当时谢恩和我已经是相识多年的朋友，我之前曾经跟他合作推出过一个面向千禧一代的 YouTube 频道 VBS.tv，其中的内容主要是 Vice 早期制作的一些争议性视频。尽管 Vice 起初是以一个标榜性爱、毒品和摇滚生活方式的品牌而为人熟知，但到了我们在阿布扎比相遇的时候，谢恩已经开始研究如何将 Vice 打造成一个更严肃的品牌。

我们一起讨论了各大媒体对于日前的示威活动的报道——尽管全世界都在报道这个事件，但似乎没有人知道它背后的真相。谢恩还向我介绍了他刚刚开始与 HBO 合作制作的一档新闻杂志节目，他们手上掌握了很多额外的新闻材料。当时 Vice 已经在全球三十多个国家设立了驻点，聘请了数千名自由撰稿人满足日益庞大的读者群体。“这群遍布全球的新闻工作者让我产生了一个想法，”他倾身对我说道，“在 YouTube 上做新闻。”

他说社会大众对年轻人有一个误解，认为他们不关心新闻，特别是国际新闻，而且只能坚持看完时长几分钟的东西。我非常认同谢恩的说法，因为我从 YouTube 得到的第一手数据就能很好地反驳这种传统观点。千禧一代也许不会通过有线电视收看新闻，但他们绝对也是新闻的消费者。他们会看叙利亚内战的前线报道，“好奇”号登陆火星的直播片段，以及米特·罗姆尼提出 47% 的美国民众不会投票给他的言论。谢恩也向我分享了他们的数据，他说用户在 Vice 内容上花费的平均时间超过了 17 分钟，这是其他网站望尘莫及的数字。

几杯红酒下肚后，我们聊到了合作开设一个新频道的话题——我们要做专门面向千禧一代的新闻内容，这就是 Vice News

诞生的背景。次日，谢恩在峰会的一场台上采访中公布了这个想法。

结账后，我在时差和红酒的作用下决定先回酒店休息。“糟了！”我突然想起，“我还没叫车呢。”

“没关系，你可以用我的。”谢恩说他就住在酋长宫殿酒店。

谢过他后，我迈着疲惫的步伐来到酒店大门，从清凉的大堂进入温暖的室外。我走向代客泊车服务台，告诉服务生我要用谢恩·史密斯的汽车。我以为要等好几分钟，但他跟我说司机马上就能把车开过来，因为车就停在入口附近。司机把车开过来的时候我才恍然大悟——谢恩的车是一辆白色的劳斯莱斯幻影。

考虑到 Vice 的起源，这辆豪华轿车正好表明了谢恩和 Vice 的创始团队所取得的成就。在转型成为媒体公司之前，Vice 其实是一份公益刊物，但它没有很好地履行“公益”的义务。Vice 的前身是一本名为《蒙特利尔之声》（*Voice of Montreal*）的免费杂志，由苏罗什·阿尔维、加文·麦金尼斯和谢恩三人于 1994 年创办。当地政府希望《蒙特利尔之声》可以成为这座城市的文化名片，但是三位创始人对蒙特利尔盛行的反主流文化更感兴趣，他们的内容更多是描绘当地的朋克和嘻哈音乐圈子，以及混杂着毒品和卖淫的狂欢派对。

这本杂志激进鲜明的观点吸引了越来越多的读者，“Voice”也由此更名为“Vice”。谢恩从一开始就展现出了高超的谈判才能，他为杂志谈下了多家知名唱片公司和潮流品牌的广告合约，但如果要进一步扩张，他们还是需要更多的资金。谢恩在接受一家加拿大报纸采访时撒了一个谎，他说当地的科技富豪理查德·沙尔温斯基有意收购他们的杂志。这番言论引起了沙尔温斯基本人的注意，他最终买下了这家公司的部分股份，让他们有足够的资金搬到美国纽约发展。

Vice 原本的策略是利用杂志个性张扬的品牌形象进军零售行业，在纽约、洛杉矶和多伦多等地开设精品服饰店。然而，互联网泡沫的破裂让沙尔温斯基决定收回之前的投资，把自己手上的股份归还给几位创始人，此举最终导致他们不得不关掉之前开设的服饰店，并把办公室从曼哈顿搬到布鲁克林的威廉姆斯堡。

这场突如其来的变故让 Vice 陷入了财务危机，但几位创始人也借此机会理清了接下来的经营方针——重新专注于印刷和网络内容的生产，同时筹备成立一家音乐厂牌。他们嬉笑怒骂的文风，领先的时尚触觉（格子衬衫、文身和蓄须），良好的音乐品位（Bloc Party、The Streets 和 Justice），以及反传统的叛逆精神很好地诠释了布鲁克林的嬉皮士文化，这种精神被 Vice 杂志的网站（Viceland.com）传播到了全世界。Vice 杂志本身花了十年的时间才达到 100 万的发行量，但它的网站上线不到一年就获得了 100 万的访问量。

Vice 逐步扭亏为盈，并还清了之前欠下的债务，接下来他们马上启动了国际化扩张的进程，组建了一个遍布世界各地的记者、摄影师和摄像师团队来提升 Vice 的网络影响力。在从纸质媒体转型为视频媒体的过程中，Vice 得到了知名电影制作人斯派克 · 琼斯很大的帮助，后者不仅为 Vice 内部提供了视频制作技能的培训，还将几位创始人介绍给了汤姆 · 弗雷斯顿。

汤姆是一位传奇的媒体大亨，他是 MTV 的联合创始人之一，后来成了这家电视网络的首位市场总监。他主导了有线电视历史上最成功的一支广告——米克 · 贾格尔和比利 · 爱多尔等摇滚明星在广告中鼓动年轻人致电有线电视运营商，在电话中喊“我要我的 MTV”。几乎在一夜之间，MTV 就成了一家席卷全美国的电视网络，在此之前它还因为市场占有率过低而陷入经营危机。随后汤姆很快被任命为 MTV 电视网络的主席兼首席执行官，在长达 17 年的任期内，他成立了 VH1、Comedy Central 和 TV Land 等电视网络，并为全世界的观众带来了《真实世界》（*The Real World*）、《海绵宝宝》（*SpongeBob SquarePants*）、瘪四与大头蛋（Jackass）、《每日秀》和《蠢蛋搞怪秀》（*Jackass*）等精彩节目。

约翰尼 · 诺克斯维尔和《蠢蛋搞怪秀》团队最初是南加州地区的一群滑板爱好者，他们也做了一本杂志。斯派克向汤姆推荐了这个团队，后来 MTV 买下了《蠢蛋搞怪秀》，斯派克成了他们的执行制作人。几年之后，谢恩和 Vice 也成了斯派克的推荐对象。

“必须承认的是，我在当时没有太在意 Vice，因为我觉得它只是精品服饰店里免费派发的那种小册子，”汤姆告诉我，“但他们向我讲解了他们的构想——‘YouTube 才刚刚起步，而且没有人在做有观点、有态度、有格调的高质量网络视频’。”

当时 Vice 只制作过一种类型的视频：一部叫作《Vice 旅行指南》（*The Vice Guide to Travel*）的系列旅行纪录短片，它的剪辑工作还是由斯派克完成的。在这部纪录片的第一集里，苏罗什·阿尔维穿过开伯尔山口来到了全球最大的枪支黑市的所在地——巴基斯坦的白沙瓦市。另外一集的内容是一位西装革履的 Vice 记者漫步在里约热内卢的贫民窟，他参加了当地贩毒团伙举行的一个户外舞蹈派对，但后来爆发的一场枪战让他仓皇躲避。其中最引人注目的一集是以切尔诺贝利为主题的——留着长发、戴着一只耳环的谢恩在前往切尔诺贝利的火车上喝得酩酊大醉。到达目的地后，他在各处废弃建筑和一座荒芜的游乐场之间游荡。随着手上的盖革计数器开始不断报警，他批评人们在核能时代的愚蠢行为。这集纪录片的最后一幕是，他和一位随行女记者举起机关枪向雪地上的"变异野猪"开火。

"我特别喜欢这个，"汤姆说道，"我觉得这群人很有创意，我们公司里面应该没有人能做到像他们那样。他们身上有一种特别的真诚，而且谢恩本人很有魅力，他是个优秀的生意人和领导者，知识渊博，通晓历史，还是个天生的创意人才。"

谢恩向汤姆提议将 Vice 从平面媒体转型为一个面向年轻人的大型品牌，他希望利用 YouTube 和网络的力量提升 Vice 内部的视频制作能力。汤姆最终被他们出色的叙事天赋说服了，于是他发起 Viacom（MTV 的母公司）与 ViceMedia 成立了一家叫作"VBS.tv"的合资公司。

VBS.tv 成了 Vice Media 的网络视频实验室。这个团队制作的纪录片开始在电影节上首映，他们甚至开展了剧情电影的制作项目。然而，汤姆不久后就从 Viacom 离职[①]，新的领导层“不太想跟这些有文身的人打交道”。谢恩告诉我。不过事实证明这其实是一件好事——谢恩得以从 Viacom 手上回购 50% 的 VBS.tv 股份，并把他们的视频发布在 YouTube 上。汤姆后来也以投资人和顾问的身份加入了 Vice Media，在为这家年轻公司筹集资金的同时帮助它实现成为优质网络视频品牌的愿景。

2009 年，Vice Media 开始与 CNN 合作，为它的新闻网站制作视频内容，包括最新一集的《Vice 旅行指南》。这一次，谢恩带着两位瘦削的同僚来到了利比里亚，一个尚未从长达 20 年的内战中恢复元气的国家。在这场内战期间，即使是儿童也会在毒瘾控制下被迫走上战场。虽然在谢恩到访利比里亚的时候战争已经结束，而且利比里亚前总统查尔斯·泰勒正以战争罪的指控在海牙国际法庭接受审判，但是联合国维和部队在来年就要撤离，人们担心届时又会爆发新一轮的内战。谢恩希望亲自前往了解当地局势。

这集纪录片也发布在了 CNN 的网站上，CNN 的编辑在它的

① 汤姆的离任许多人都没想到。据外界主流的报道，这是因为汤姆的上司萨默·雷石东对 Viacom 错失了以 5.8 亿美元收购 MySpace 的机会大感不悦。虽然最终成功收购 MySpace 的是新闻集团（News Corporation），但是鲁伯特·默多克后来承认这是一个“重大错误”。

页面上写下了一段引言："CNN.com 的团队最近对 Vice 的新闻作品很感兴趣，这是一家来自纽约布鲁克林的独立媒体公司和网站，VBS.tv 是 Vice 的在线电视网络。Vice 独立制作的这些报道采用了高度透明的新闻手法，让观众参与报道的完整过程。我们认为这种独特的报道方式值得向我们 CNN.com 的读者分享。请注意其中的部分内容可能会引起观众的不适。"

这段视频毫无保留地展现了利比里亚这个令人难以置信的国度。在纪录片的开头，谢恩先与一位熟悉当地的加拿大记者迈尔斯·埃斯蒂碰面，后者之前由于疟疾再次发作而入院治疗，他刚从医院出来就带着Vice的摄制团队来到了一座位于红灯区的监狱，那里关押着一位内战时期的军阀，人称"本·拉登将军"。[①] 采访过那位军阀之后，他们驱车前往利比里亚环境最恶劣的一处贫民窟——西点（West Point），那里没有自来水和下水道，居民们只能把沙滩当成公共厕所。他们拍下了儿童吸食海洛因的情景，还有妓院里的性工作者对联合国维和部队虐待行为的控诉。接下来他们遇到了一位传教士，他是内战期间的一位军阀，曾经带领儿童兵参加战争，现在他的工作是帮助这些孩子从战争阴影中走出来。这位传教士名叫约书亚·布雷西，他在内战时期的外号是"光屁股将军"，因为他作战时从来不穿衣服。他毫不忌讳地在镜头前谈论自己曾在战争中吃过人肉。你可以在 YouTube 上找到这

① 为了隐瞒自己的真实身份，利比里亚的军阀通常会给自己取个外号，这些外号也会起到震慑敌人的作用。

部纪录片，标题是“The Cannibal Warlords of Liberia”（利比里亚的食人军阀）。纪录片的最后一个场景是一场礼拜仪式，布雷西对台下的信众讲述了自己从“恶魔的将军”皈依成“上帝的将军”的过程。

这部纪录片受到了许多大型新闻媒体的关注，当时正值经济危机，它们会对尝试涉足严肃新闻领域的外行者保持警惕。《纽约时报》的内部纪录片《Page One》里面有一个经典的采访片段：针对谢恩对《纽约时报》的一篇利比里亚相关文章的批评，他们的一位记者大卫·卡尔提出了质疑。[①]

“不好意思，时间到了，”卡尔打断谢恩道，“在你去那里之前，我们已经在那里派驻了记者，他们报道了一场又一场的大屠杀。你们只是戴着防护头盔在那里拍了地上的大便，并不意味着你们有权质疑我们所做的事情。好吧，你继续说。”

“很抱歉，我的意思是，”谢恩解释道，“我不是记者，我不是去那里报道。”

卡尔再次打断了他：“没错，正因为你不是记者……”

这部纪录片节选了一些对 Vice 不利的采访片段，因为《纽约时报》希望借此遏制 Vice 的成长。当 HBO 确定要与 Vice 合作制作一档新闻杂志节目之后，这些反对的声音变得更高涨了——该

① 当时《纽约时报》发表了一篇题为《On Liberia’s Shore, Catching a New Wave》的旅行文章，里面列出了利比里亚当地最适合冲浪的地方，位于西点的海滩没有被提及。

节目类似于迈克·华莱士的《新闻 60 分》（*60 Minutes*），只是主持人由谢恩·史密斯亲自担当。

谢恩在位于圣塔莫尼卡的家中跟我讨论了外界对他们的批评。我们坐在绿色天鹅绒制成的椅子上，对面是他的书房。几个月后，这座刚刚翻修过的房子登上了《华尔街日报》的封面。“没有人在扭曲新闻，”他说，“是他们扭曲了我们的形象和言论……如果你只是批评我们穿的服装，我们可以接受。但如果你拿我们的报道开玩笑，或者质疑它们的真实性，那我们就有大麻烦了。”谢恩向我表示，他们的竞争新闻网络意识到自己无法削弱 Vice 对千禧一代的影响力，所以它们只能从新闻诚信的角度来打击 Vice。“我们要比其他人更严谨，更滴水不漏。”

在 HBO 的新闻杂志节目还没正式播出之前，Vice 为它拍摄的当季最终集就引起了巨大的争议。在这集题为“Basketball Diplomacy”（篮球外交）的节目中，Vice 来到了平壤，为哈林篮球队（Harlem Globetrotters）和朝鲜国家篮球队组织了一场表演赛，并邀请了传奇篮球明星丹尼斯·罗德曼作为观赛嘉宾。朝鲜的新任最高领袖金正恩也出席了这场表演赛，那是他上任以来首次公开露面。在赛后致辞的环节上，罗德曼转向金正恩，鞠躬说道，“先生，感谢您。您是我终生的友人”。然后他与这位最高领袖亲切握手。随后，Vice 率领的代表团参加了金正恩举行的一场国宴，他们成了金正恩自上任以来首批接见的美国人。

在这场活动举办的数周之前，朝鲜刚刚进行了一次秘密核武器试验，此举在美国国内引起了巨大的恐慌，人们担心朝鲜终有一天会造出能够攻击美国的洲际核导弹。各大媒体批评 Vice 的行为是在讨好这个极端的政权，甚至是在美化一个残暴的独裁者。它们将 Vice 描绘成一个被蒙骗的新闻菜鸟的形象。CNN 的丹·拉瑟对这份报道的评价是：“我在里面看不到新闻，只看到新手。”

“我在朝鲜拍过两部纪录片，我们甚至还因为严厉批评朝鲜政权而被驱逐出境。”谢恩告诉我（他本人被朝鲜禁止再次入境，所以他无法参加这次篮球之行），“但因为我们亲自去过，所以清楚知道他们的弱点，也知道他们非常喜爱篮球。所以我们想出了这个迂回的办法，只要带着的篮球队过去，就能得到全世界最火的采访。当我们成功做到这点时，传统媒体却来批评我们。我当时很不喜欢被这样批评，但是后来回想一下，这样反而成就了 Vice News，因为它也因此得到了人们的关注。”

谢恩告诉我有两件事挽救了这个 HBO 新闻杂志节目的声誉。首先，那集纪录片并没有美化朝鲜和金正恩，它在描绘金正恩和朝鲜政府时还是保留了批判的态度。片中有一个令人印象深刻的场景，摄制团队前往参观了朝鲜的一个计算机实验室，虽然房间里坐满了操作员，但没有人在打字或点击鼠标，其中有一个男性工作人员连续几分钟一动不动地盯着屏幕上的谷歌主页，上面只有一个光标在空白的搜索框里不断跳动。

另外一个事件是，在他们访问朝鲜过后不久，有人发现 BBC 把自己的记者安插在了伦敦经济学院的朝鲜游学团里面。学生们到达平壤后才发现自己的团员当中混进了 BBC 的记者。“这下好了，现在你们在拿学生当挡箭牌，”谢恩轻蔑地说道，“我们是真正把这件事情做成的人，也没有让其他人因此受到安全威胁，你们凭什么批评我们？”

在 Vice News 的 YouTube 频道上线后，他们很快发布了一部与 HBO 合拍的纪录片《The Islamic State》（“伊斯兰国”），他们的记者在为这部纪录片取材的时候也打入了 ISIS 的内部，这种做法同样遭到了其他新闻同行的诟病。但是这一次，戴维·卡尔（在与谢恩首次交锋的 4 年后）却在《纽约时报》上声援了 Vice：

> 《The Islamic State》是 Vice 的成功，也让观众从中理解了为什么世界上会有这样一群恶徒……当我跟史密斯先生争论谁的报道更有价值时，我没有认识到在这个对新闻报道如此不友好的世界里，新闻记者每天都有可能遇到各种危险冲突。在这种情况下，我们不应该对别人冒着生命危险换来的新闻指手画脚。我很高兴有人愿意为我们见证事实。

这篇文章的标题是“Vice 在追逐严肃新闻的路上锐不可当”（*Its Edge Intact, Vice Is Chasing Hard News*）。

在谢恩的书房里，我问他为什么很多新闻媒体都不愿意重视千禧一代的受众。“我认为这是因为他们成长于对公权力失去信任的时代。当时的媒体都在跟美国政府勾结①，捏造关于伊拉克和阿富汗的‘大规模杀伤性武器’的报道②，他们对主流媒体彻底失望了。”

这可能是千禧一代甚少通过主流媒体获取信息的原因。根据皮尤研究中心（Pew Research Center）在 2016 年的一项研究，18 岁至 29 岁的人群有一半会通过网络获取新闻，收看电视新闻的比例只有 1/4；婴儿潮一代的情况则恰恰相反，在 50 岁至 64 岁的人群当中，收看电视新闻的比例为 72%，他们当中只有 29% 会使用网站、应用和社交媒体获取新闻。

除了信任问题以外，传统媒体的语气也很容易让千禧一代反感，”谢恩说道，“‘你应该这样想这件事’这种高高在上的口吻是不能让他们产生共鸣的，反而‘我们要按下录音键，展示给你，剩下的留给你去思考’会让他们更容易接受。”

从 VBS.tv 最早期的视频开始，Vice 一直在采用他们内部称为“沉浸式新闻”的手法。虽然 Vice 的新闻基本上都会有特派记者负责跟进，但他们的记者不会面无表情地站在镜头前播报新闻，而是像制作纪录片一样，将观众带入新闻发生的现场。

---

① 在伊拉克战争爆发的一个月前，《华盛顿邮报》的一篇社论写道：“看到国务卿鲍威尔昨日向联合国安理会的陈述后，很难想象有人还会对伊拉克持有大规模杀伤性武器存疑。”这篇社论的标题是“无可否认”（Irrefutable）。

② 《纽约时报》曾因对伊拉克疑似武器计划的报道而饱受诟病。后来，它承认这些报道有失实的地方，并表示新闻的信息来自“认为有必要军事干预伊拉克的美国政府官员”。

“我们发现观众每天看到的新闻基本都会有一个既定的观点或视角，”谢恩说道。

我告诉谢恩这听起来跟 YouTube 创作者的情况很相似——他们正是因为表现得比电视上的明星更真诚而得到了观众的认可。Vice 的观众通常是年轻、有思想的千禧一代，它希望通过最公正的报道来赢得观众的信任。Vice 的特派记者会带领观众踏上行程，向他们介绍新的人物，而不是站在原地播报新闻。“新闻故事本身要比你怎么报道它更重要。”谢恩说道。

Vice 的新闻手法跟我们在本书中讨论过的许多内容策略不谋而合。从最早期的《Vice 旅行指南》开始，这家公司就已经具备了全球化的视野。每当开设新的网络媒体站点时，它都会追随经常被传统媒体忽视的青年文化群体，比如滑板爱好者和电子音乐迷。它从来不介意谈论消遣大麻和综合格斗这些小众话题，这点要比电视媒体领先很多年。而且它的内容制作（从记者招聘到新闻拍摄）很多都是围绕个性、身体自信和性别自由展开的。

“我经常说 Y 世代是有史以来最精明的媒体消费者，他们从小开始就被各种广告包围，就连卡通片都是为了销售麦片而制作的。所以他们能非常敏锐地看出你是不是在胡扯。如果他们看到一些看起来非常精美的画面，会觉得这显然经过了很多制作人和摄影师的处理。如果你想把这种东西标榜为‘这是刚刚发生过的事情，我们正在现场密切跟进’。就会显得很不可信。但如果只是一些抓拍下来的内容——可能是手机视频，可能是傻瓜相机的照片，也可能是其他任何东西——他们看到这些之后会认为，‘好吧，这个人确实在现场，他看到了现场的情况并把它拍下来了’。”

谢恩的说法让我想起了网络新闻报道的一个转折点：伊朗的绿色行动（Green Movement）。伊朗在 2009 年已经开始爆发大规模的示威游行，数十万示威者在当年的总统大选后占领了德黑兰和其他城市的街头，要求总统内贾德下台，并指责伊朗政府操纵选票的行为。伊朗是一个对外十分封闭的国家，所以比起收看新闻报道，社交媒体上的动态更新能让身处国外的人更快捷高效地掌握当地的局势。

我向谢恩提出这点时，他说他在示威爆发的时候刚好在伊朗参加一个电影节。“你可以通过示威者发布的消息了解到底发生了什么事，也可以让身在纽约的新闻主播告诉你应该如何看待这件事。问题的关键就在这里，婴儿潮一代会依赖《纽约时报》《华盛顿邮报》《新闻 60 分》《NBC 晚间新闻》这样的新闻来源，他们会按照既定的视角认知一个新闻事件。”

“Y 世代会查看直接来自当地或者其他新闻来源的博客和视频，然后他们会说，‘嗯，情况看起来是这样的’。他们从小就养成了这样的思维习惯。现在你已经不能直接对他们说，‘事实就是这样’。”

同一个新闻事件在互联网上可能会出现多种解读——因为我们可以看到来自新闻现场的无数图片、推文和视频，以及它们所产生的无数新闻报道、热点追踪、评论和解说——仅仅读完一篇报道或看完一段新闻不足以了解事实真相。

但是在众多触手可及的新闻来源当中，我们到底可以相信谁？

2006 年，有几位来自爱尔兰的通讯记者被派遣到黎巴嫩南部的一个城市——他们的任务是报道黎巴嫩和以色列之间的冲突。在没有报道任务的时候，他们通常会在池塘边喝酒，等待远在亚特兰大或都柏林的通讯社发来的指示，他们会提前收到接下来可能会发生交火的时间，然后就会提起精神准备前往现场报道。但随着他们开始在社交媒体上投入更多的时间，他们发现了一个有趣的现象：通常能在 Twitter 上提前 30 分钟得知冲突爆发的消息，这个速度甚至要比美联社或其他通讯社的报道更快。

他们意识到新闻行业正在发生根本性的变化。手机和社交媒体的兴起正在削弱记者对信息的垄断——在报道新闻现场的响应速度方面，当地市民往往能比新闻媒体抢先一步。

在这种重大转变之下，他们当中的一位记者马克·利特尔开始思考：如果美联社和路透社这样的通讯社在今天成立，会是什么样子？在他看来，这家通讯社会高度依赖社交网络，它会分析世界各地的用户每时每刻发布的推文、帖子和视频，它最大的价值体现在从海量内容中筛选和甄别出真实的信息。2010 年，他在都柏林成立了这样的一家通讯社，并把它命名为“Storyful”。

“我们刚起步的时候，这个领域还是一片空白，”Storyful 的现任首席执行官拉胡尔·乔普拉告诉我，“那时的目击视频完全没有任何规则、责任和保障可言。”用户上传的内容会为新闻编辑室带来许多难题——试想一下，如果有人发来了一个视频，里面的内容是中东某地发生的一次炸弹袭击。“我不知道这个视频是在阿勒波还是伊朗拍摄的，我怎么能确定这是在哪里发生的？我只是看到一颗炸弹在街上爆炸了，我要怎么验证它的真实性？我怎么知道视频的提供者是不是拍摄视频的人，我能不能使用这条内容？这个事件的背景是什么？我只是看到有个东西爆炸了，我能从中看出什么？”

很多新闻编辑室都不知道应该如何回答这些问题，但这正是Storyful瞄准的方向。它的模式是让资深记者和技术工程师现场协作鉴定网络照片或视频的真实性。这个过程结合了传统的新闻技巧和计算机技术，用算法自动识别出特定视频中出现的“事件群”，当检测到社交媒体上冒出某个事件时，它们会自动扫描比对数据库的内容，确保这是一个上传的全新视频。

确认这点之后，Storyful的记者就会开始利用谷歌地球和谷歌地图来辨别视频中出现的地标，然后根据当地的天气数据判断视频中的阴影方向和风向是否正确。他们会邀请专业人士来帮助他们辨别和翻译当地的方言，确认警报的声音是否符合当地的实际，识别视频中用到的弹药。一旦确认了视频的真实性，他们会尝试联系原始的上传者，获取该素材的使用权。“这一切都在极短的时间内完成。”拉胡尔说道。

他们利用技术来协助记者的目的是使整个过程的效率最大化，尽量减少记者需要经历的操作和步骤。“我们在努力让记者的工作变得更加智能便捷，让他们专注于新闻的背景、准确性和真实性，同时提升他们的效率。”我问他，世界上发生的新闻这么多，他们需要一个多大的记者团队才能核实所有的新闻。“不到 40 人。”拉胡尔告诉我。

接着我问他 YouTube 对 Storyful 目前的新闻输出起到了怎样的作用，毕竟现在出现了很多新兴的社交网络和通信应用。“我们每天向用户提供的绝大部分内容仍然来自 YouTube。”他说，“或者你可以这样想，过去 6 年里，几乎每一个重大新闻都或多或少与用户生成的内容有关。”

我认为这个时间还能再往前推。2006 年可以说是美国政界的一个分水岭，在当年弗吉尼亚州参议员的选举中，共和党候选人乔治·艾伦使用了带有种族歧视的话语（两次之多）形容竞争对手阵营里的一位成员。这段录像被公开之后，他最终以微弱的劣势输掉了这场竞选。

在智能手机和社交媒体的推动下，视频片段可以在短时间内获得大范围的传播，这点也影响了什么事件能够成为重大新闻。如果你听到有人在芝加哥商品交易所抱怨纳税人的钱都被花在了援助贫困人口上面，你可能会认为这件事情没有多大的新闻价值。但是这段演讲视频——演讲者是 CNBC 商业新闻编辑里克·桑特利——在 YouTube 和 Facebook 上被大量转发，从而成了“茶党”

运动的开端。如果一群左翼分子在华尔街静坐抗议社会的不公，这样的事件也许不会成为头条新闻，但是当他们的诉求在社交媒体广泛传播后，一时间所有人都听说了“占领华尔街”（Occupy Wall Street）运动。如果一名手无寸铁的黑人青年被警察射杀，本来这样的事件很少会被新闻媒体重点关注，但是通过分享后续的抗议活动片段，人们有了一种表达愤怒的新方式，这也成就了“黑人生命平权”（Black Lives Matter）运动。

“作为一个曾经走上战争前线的记者，”马克·利特尔对佛罗里达大学新闻与传播学院的学生说道，“我可以告诉你们，我们之前也没有实时了解事实的能力。但如果斯雷布列尼察大屠杀、奥斯维辛集中营、卢旺达种族灭绝发生在今天，世人肯定不会被蒙在鼓里。”

现在人们可以轻易看到在新闻事件现场拍摄的第一手视频资料，而且这种形式已经开始对社会产生深远的影响。因此我想知道在这个趋势之下，记者这个角色是不是变得不如以前重要了，拉胡尔给出的回应是，“你之所以会觉得 UGC（用户生成内容）变得越来越受欢迎，我认为原因是这类内容可以让人们以完全不同的视角来解读新闻故事……如果我能知道身处事件中心的人正在经历什么，那为什么还要看一个记者站在塔利尔广场前面给我报道？”

“但这本身并不是新闻，它们只是内容。这些素材要经过记者的报道才能产生影响力。这也是为什么你能看到很多新闻机构已经开始采用这种模式，而且如果处理得当，它们可以产生很好的新闻效果。”他举了 ViceNews 做例子，“他们利用我们的内容生产出了非常精彩的新闻，而且要比很多传统新闻媒体更快。年青一代渴望更真实的新闻报道，UGC 是实现这点的一个重要方式”。

这种新闻的生产成本还相对较低。对于任何视频新闻机构来说，新闻拍摄成本是它们必须面对的一大障碍。它们只能选择向美联社或路透社等服务购买素材的授权或者自行拍摄素材，但后者需要花费摄影设备、卫星传输服务和购买使用许可的成本。这也是为什么 YouTube 上很多成功的新闻创业公司都倾向于提供新闻评论（其中最出名的是 YouTube 最受欢迎的新闻频道 The Young Turks），而不是直接报道当天的新闻事件。

但是现在似乎出现了一种成本更低的模式。随着摄影设备的价格降低，加上无人机和移动直播等新技术的引入，高质量新闻片段的拍摄和传播成本也变得更容易承受。新闻机构可以派遣更精简的摄制团队亲自拍摄素材（比如 Vice 在利比里亚的三人摄制小队），这样它们就不用向通讯社购买内容授权。即使它们确实有这个需要，也可以选择使用成本更低的 UGC 素材来制作报道。

另一方面，Storyful 这样的公司也能帮助原始 UGC 素材的所有者获取收入。2016 年，一位名叫兹德涅克·加兹达的捷克移民出租车司机拍下了希拉里·克林顿晕倒的视频，当时她刚刚在世贸中心遗址参加完“9 · 11”事件的纪念活动，在视频中可以看到希拉里在晕倒后被保镖护送到了车上。过去，这样的视频会被迅速传播，出现在各国的新闻报道之中，它们甚至不会注明视频的来源。这次的视频素材流出后，加兹达马上就在 Facebook 和 Twitter 上收到了各大新闻机构的问询，向他请求这段素材的使用权。他开始时并没想过要收费授权这段素材，但后来 Storyful 成功通过他在捷克的弟弟联系上了他。在得到加兹达本人的许可后，Storyful 开始代表他向电视网络和新闻出版商收取使用这段视频的授权费用，拉胡尔说他们最终为加兹达带来了“数十万美元的收入”。

尽管 Storyful 的主要工作是鉴别新闻素材的真实性，但它最近也被卷入了关于“假新闻”的大范围讨论之中。在 2016 年美国总统大选过后，无论是煽动性的文章，还是点击陷阱、仇恨言论、恶作剧，甚至是 CNN 都被打上了假新闻的标签。因为唐纳德 · 特朗普的意外当选，很多人开始把矛头指向网络上大力支持特朗普的虚假文章。这些没有事实根据的内容反而在网络上大受欢迎，而且在社交网站上得到迅速传播。

让假新闻现象变得更为扑朔迷离的是，BuzzFeed 的记者发现在过百个站点分享的假新闻都来自一个叫作韦莱斯的马其顿小镇，而操作这些假新闻的只是一群十几岁的孩子。他们会把网上的假新闻收集整理到自己新建的新闻网站上，以此吸引大量的阅读和点击。

《连线》杂志对此发表了一篇后续报道，其中表示这种模式最先是由住在韦莱斯的两个年轻人——鲍里斯（化名）和亚历山大·维尔科夫斯基发起的。鲍里斯和亚历山大是两兄弟，他们做过一个专门介绍虚假疾病治疗方式的网站 HealthyFoodHouse.com，这个网站吸引了超过 1000 万名独立访客。在看到维尔科夫斯基兄弟的模式后，当地有些赚钱心切的年轻人就把它套用到政治话题上面，他们利用人们对美国总统大选的关注运作了大量假新闻内容，并在 Facebook 上得到了数十万的分享、互动和评论。这种模式为这群年轻人带来了数万美元的广告收入。

Facebook 和谷歌发现这个问题之后，很快就切断了那些误导性网站的收入来源，但是假新闻的毒害仍然没有被消除。我们也很努力地在 YouTube 上限制假新闻的传播，因为我们明确认识到我们平台的责任是传递信息，而不是误导大众。

我们在这方面的主要工作是提升拥有可信、权威来源的视频的排名，同时拒绝向故意发布虚假内容的频道发放收入分成。现在每当有重大新闻发生时，我们都会在 YouTube 的首页上设立一个视频专区，里面只会收录来源可信的相关视频。此外我们还开设了一个专门的 YouTube News 频道，其中的内容都是由我们的合作伙伴提供的，需要经过人工审核才能发布，这个频道现在已经拥有超过 3400 万订阅者。我们也在极力避免把广告投放到误导性内容之中，让这些内容的传播者无法赚取收入。

如今从虚假中看清真相似乎已经成了一项不可能完成的任务，有人甚至会认为过分强调客观是对他们的政治观点或信仰的冒犯。就连《时代周刊》最近的一期封面上都写着“真相已死？”（Is

Truth Dead?）可见这个问题的严重程度，而首当其冲的还是那些旨在向读者传递真实信息的新闻机构。

除了真实性问题以外，美国的新闻业还面临着日益严重的政治两极化问题。在三大电视网络主导的 20 世纪，强调政治客观性的新闻报道是一种常态，因为这样才能吸引最广大的受众。广播公司这样做不只是出于商业上的考虑，也是政策上的要求——FCC（美国联邦通信委员会）从 1949 年开始实施一条名为“公平原则”（Fairness Doctrine）的法规。该原则要求广播和电视网络都要报道“具有政治意义的争议性事件”，以及“针对所报道的争议性事件……充分保证争议双方都有表达对立观点的话语权”。这条原则背后的立足点是，当时新闻广播的货架空间有限，广播牌照的持有者有责任确保观众可以接收到不同的观点。

后来随着调频广播和有线电视的先后出现，媒体的形式得到了进一步的丰富，公平原则的立足点似乎已经不复存在——人们已经有很多了解不同观点的机会，但问题在于电视网络有没有机会去提供这样的观点。这条原则最终在 1987 年被 FCC 废除，广播和有线电视上也因此出现了更多带有党派倾向的媒体。随着保守派电台、Fox News 和 MSNBC 等媒体的涌现，美国新闻行业开始向欧洲靠拢——媒体机构会与政党、工会和教会建立紧密的联系。[①]

在互联网普及后，立场更为偏激的媒体开始像雨后春笋般涌

① 意大利国家广播公司 RAI 受意大利议会直接管辖，它的新闻节目会按照支持的政党划分。

现出来。一家最近成立的新闻网站 Axios 梳理了自网络时代以来出现的 89 家主流新闻网站，它发现所有这些媒体都带有一定的政党倾向。有趣的是,《赫芬顿邮报》(*Huffington Post*) 和 Daily Kos 等左翼媒体基本上都是在小布什执政时期发展起来的，而大部分右翼媒体都源自奥巴马执政时期的茶党运动。

尽管从时间上来看，这些网站是因为政治两极化形成的，但是来自塔夫斯大学的两位社会学家杰弗里 · M · 巴里和莎拉 · 索比耶拉吉却有不一样的观察，他们在一本合著的书中探讨了这个“贩卖愤怒的产业”，并认为这是一门好生意。“虽然人们的政治两极化倾向在不断加重，但这并不足以促成这个产业的发展。”索比耶拉吉向 CNN 表示，“(带有政党倾向的新闻) 在技术、行政和媒体领域变得有利可图，而利益才是最大的推动力。”

后来我向谢恩了解了他对这个问题的看法——在经济衰退的压力之下，新闻政治化已经到了危及真相的地步。“我认为我们将进入一个癫狂时期,”他说,“这对我们来说是好事吗？从商业的角度来看，是的。很遗憾，CNN 就是在海湾战争和阿富汗战争时期崛起的。所以对我来说，这种癫狂就是一个掘金机遇，但这对普通人来说并不是一件好事。所以我们应对这些挑战的态度应该是，‘这是我们登场的时候了，我们要做正确的事情，而且要把事情做好’。”

谢恩想表达的观点是，在这个高度偏激化的环境里，真相已经被逐渐蒙蔽，而对于不迷信权威的千禧一代而言，Vice 的沉浸式新闻所体现的客观性是更值得追捧的。“作为一家新闻机构，看到这个环境的时候，我们会认识到传递尽可能中立和符合逻辑的信息的重要性，我们要站出来告诉读者，‘那是胡说八道，那是假的，这些才是事实’。”Vice 没有选择站队，而是保持中立的态度。

这让我想起了谢恩在一场 YouTube 广告活动上的讲话。他曾经把 Vice 称为“下一个 CNN”，但是在那场活动上，他更正了这个说法：“在 YouTube 这个巨型平台的支持下，我们不会成为下一个 CNN，我们的规模会是下一个 CNN 的十倍。”

我希望谢恩的说法是对的，至少是当下的环境有利于客观新闻发展这点。对于一个民主社会而言，如果选民都被蒙在鼓里，它是无法得到长足发展的，所以我们需要能够帮助民众辨别事实的媒体。根据皮尤研究中心《2016 年新闻媒体现状》（*State of the News Media 2016*）的报告，2015 年“可能是报纸行业自“大萧条”以来收益最差的一年”。

但是在特朗普当选美国总统后，新闻媒体开始出现复苏迹象，尤其是那些以客观报道自诩的媒体。2017 年第一季度，CNN 的收视率达到了自 2003 年伊拉克战争以来的新高。此外，《华盛顿邮报》《纽约时报》《洛杉矶时报》《华尔街日报》的数字订阅业务都出现了破纪录的增长。

另一方面，技术也在新闻报道中扮演着更重要的角色——技术既能降低报道的成本，也能提升它们的传播范围。尽管有人诟病现在的新闻越来越贴近 BuzzFeed 的风格，但是聪明的新闻出版商也开始运用被 BuzzFeed 验证过的技术，比如实时测试使用不同标题和配图的效果，并把效果最好的元素用在最终发布的文章里。它们也在尝试问答、智力游戏、播客、聊天机器人等内容，开发一些垂直的生活方式应用（比如介绍菜谱或房产信息），希望通过这些手段吸引和留住订阅者。

有些新闻媒体甚至会使用人工智能技术自动编写日常新闻，比如股市变动和投票结果的更新，这样就能让资深记者更好地专注于报道更有价值的新闻。这种方式也被推广到了视频新闻领域——电脑会自动截取股价新闻报道的内容作为字幕，然后配上相关的股价图片，这种视频特别适合在手机静音的状态下浏览。

视频是新闻出版业未来发展的关键。皮尤研究中心曾经调查过美国民众消费新闻的偏好，他们发现 46% 的受访者更喜欢收看视频新闻，35% 的受访者更喜欢阅读新闻，而更喜欢收听新闻的比例只有 17%。视频不仅能吸引更多的受众，还能维持受众更长时间的注意力，这是广告主非常看重的一点，也就是说视频广告会比横幅广告带来更多的收入。从这个角度来看，移动内容消费的增长对于新闻出版商来说是一个重大利好（根据思科提供的数据，视频内容已经占据超过一半的移动网络流量），只要它们足够重视视频制作。

我向拉胡尔请教新闻编辑室如何在这种现状下重新站稳脚跟，他告诉我，“放开条条框框，一路向前就行了。现在我们有虚拟现实的热潮，有追求深度和追求广度的视频类型，也有各种各样的叙事手法，前景实在太广阔了。我们有机会用前所未有的方式讲述新闻，而且受众非常渴望这些”。

我从小在布拉格长大，那时候我们的假新闻有另外一个说法：政治宣传。政府对国内的电视台和电台有绝对的把控权，并以此塑造我们对西方的看法，同时诋毁那些追求政治自由的人。它经常会用可笑的方式来描绘铁幕之外的世界，比如电视上的特别节目（很多都能在 YouTube 上找到）会展示美国摇滚演唱会的片段，并断定这是崇拜恶魔的仪式，因为里面有留着长头发的男性参与者。

谢恩告诉我，这种信息失实是双向的，这也是他如此渴望亲自前往朝鲜，从内部去报道这些与世隔绝的地方的原因。“你总能听到‘可以拿一条牛仔裤换到一座房子’这样的传言，还有我们都是资本家！”这种误解之所以会一直存在，是因为两个阵营之间无法正常交流。发布这些政治宣传的人也清楚知道真相是消除误解最有效的手段。

幸好在我十几岁的时候，铁幕的一侧已经开始出现裂缝。我看过的第一场演唱会是枪与玫瑰（Guns N’ Roses）的一场历史性演出——他们把“Use Your Illusion”巡回演出的其中一站设在了布拉格。演唱会现场有很多留着长头发的男人，但显然那并不是恶魔崇拜的仪式。我们听过太多美国人民生活在水深火热之中的故事，但是在我看过《比佛利山超级警探》（*Beverly Hills Cop*）之后，这些说法很快就不攻自破了。如果你看过这部电影，你可能只会关注埃迪·墨菲的笑话，但电影里出现的名贵汽车、时髦的服饰和豪华的房屋都让年少的我目瞪口呆。

转眼几十年过去了，结束与谢恩的采访，沿着精心打理的草坪走向游泳池的路上，我才意识到谢恩的这座房子正是我在那部电影里面见过的。

第 11 章

定制推送直达受众

如何成为受欢迎的广告

220

Vice本来有机会超越自己所处的时代。2006年，Vice开始从纸质媒体转型为数字媒体，但是在当时的环境下，在网上免费发表原创内容的商业模式似乎不太行得通。当时已经出现了一些信息聚合服务，比如Drudge Report和《赫芬顿邮报》这类专门收集与展示其他新闻出版商内容的网站，它们都有不错的发展，但是那些生产原始内容的网站反而无法赚取足够的网络广告收入，至少不如它们在平面广告上的收入。数字报纸和杂志不仅赢利能力更低，而且由于它们把印刷版的内容免费搬到了网站上，原本付费订阅实体报刊的读者肯定会有所流失。

因此，各大报刊公司开始纷纷撤除在海外的分支机构，但与此同时，Vice开始了海外扩张的步伐，并加大了对视频制作的投入。它为什么能逆势扩张？因为它有一个秘密武器——Virtue Worldwide，这是Vice旗下一家全方位的创意公司，它的主要业务是利用Vice本身张扬叛逆的调性与品牌合作开展推广活动。传统报刊的编辑和广告业务通常都会互相独立运作，但是在谢恩提出的“所有品牌都应该把自己看成一家媒体公司”的理念下，Vice的编辑力量会被运用于服务品牌客户，帮助它们创作独特的视频和体验。

刚开始时，Vice 制作的品牌合作视频看起来就像它原本会拍的视频一样。2009 年，Vice 与北面（The North Face）合作推出了一部名为“Far Out”（去远方）的系列视频。在视频中，Vice 的记者来到了世界上最偏远的地方（身穿北面的装备），聆听在当地探险的人的故事。这些视频无论在质量和调性上都跟 Vice 当时的其他内容别无二致，但它们很好地宣扬了北面“探索永不停止”（never stop exploring）的理念。

在 Vice 的众多品牌合作当中，最引人瞩目的当属英特尔。2009 年，Vice 在巴黎东京宫（Palais de Tokyo）博物馆为英特尔举办了一场名为“未来创造者”（Créateurs du Futur）的聚会。这场活动邀请了 8 位法国艺术家，展示了他们如何把技术运用于自己创作的过程。看到活动的良好反响后，英特尔首席营销官黛博拉·康拉德请 Vice 把这类活动带到世界其他地方的博物馆。后来他们在北京 798 艺术区举办的一场同类展览甚至吸引了超过 25 万参观者，之后英特尔开始寻求与 Vice 开展更深入的合作。

当时只有 3% 的千禧一代对英特尔有正面印象，按照谢恩的说法，这是因为“他们把这些人看成老大哥，要在我们的大脑中植入芯片”。英特尔的市场营销团队向 Vice 请教，他们要怎么做才能扭转受众的负面印象。谢恩告诉他们，“你们其实没有考虑到创意、音乐、艺术和技术之间的伟大交汇。如果他们害怕你们，那是因为他们不知道你们在做什么。如果他们知道一些伟大的艺术作品只能用你们的产品才能做出来，就会对你们另眼相看”。

这个提议催生出了“创作者计划”（Creators Project），Vice 的一个独立子品牌。它有自己的网站，上面会展示各种运用技术创作艺术的实例，这些项目均由英特尔赞助。创作者计划举办过多场主题活动，在科切拉音乐节（Coachella）上展出艺术装置，制作了大量的视频，甚至邀请斯派克·琼斯为他们拍摄了一部关于两个机器人相爱的短片。这个策略非常有效：仅仅过去了一年的时间，千禧一代对英特尔的正面印象比例就从 3% 飙升至 38%，在次年更是达到了 64%。“他们从来没有做过如此成功的广告活动，包括‘噔噔噔噔’。”[①] 谢恩说道，“那是大型定制原生广告的开端，意思是我们不再单独构思一个电视、平面或网络广告，而是为品牌量身定做一个能满足所有 KPI[②] 的广告项目。现在的年轻人都很聪明。他们会想，‘我喜欢斯派克·琼斯。你让我看到了一部斯派克·琼斯导演的电影，我能理解你的理念’。你不用总是播放那段‘噔噔噔噔’，或者把英特尔的标志贴得到处都是。”

创作者计划和其他品牌合作项目成了 Vice 的核心收入来源——它与戴尔、耐克、联合利华、百威英博、ESPN 等品牌开展了多个价值数百万美元的全球合作项目。“这一切都是建立在人们认为 Vice 这个品牌很酷的基础之上，”汤姆·弗雷斯顿告诉我，“这跟 MTV 早期的发展策略很相似，当时我们并没有什么收视率

① 英特尔的“声音商标”，最早出现英特尔在 20 世纪 90 年代推出的电视广告中。

② KPI，即关键绩效指标（key performance indicators）。

可言，但因为我们是当时的潮流代表，如果广告主也想展现自己的这一面，它们就会在我们这里花点钱（投放广告）。”

“我们的特长是做一些从来没有人做过的事情，所以会得到大量的免费宣传，”[①]谢恩说道，“创作者计划在这方面是非常成功的，因为大家都愿意谈论和报道它。英特尔对此的反应是，‘天哪！我们要为这些付多少钱啊？’一分钱都不用花。”

YouTube 第一个真正意义上的病毒视频叫作“Touch of Gold”（颠球成金）。这段画质模糊的视频的主角是传奇球星罗纳尔迪尼奥，他先在足球场边线旁换上了一双被装在金色行李箱里的足球鞋，然后踢起了旁边的足球，开始练习颠球。在接下来的一分钟内，这个足球从未落地。不过难度更高的表演还在后头——他把足球一路从边线颠到禁区附近，然后用力将足球踢向球门的横梁，并用身体接住了反弹回来的足球，这个动作他连续做了 4 次。

这段视频的时长只有两分半钟。人们在看到这个视频后都在揣摩它的真实性。

很遗憾，这不是真的。罗纳尔迪尼奥并没有做出视频中的高难度动作，而且视频本身的设置也是假的——它不是在里约马拉

① 无须广告主付费植入，大众会自发寻找、观看和分享的网络内容。

卡纳球场偷拍的训练视频，而是耐克的一支广告。在突破百万播放量后，这段视频彻底改变了广告的形态。

Touch of Gold 成了 YouTube 上第一个获得成功的品牌赞助内容（本身具有娱乐效果的品牌广告）。在 Touch of Gold 之前当然也有如同艺术品一般的广告，其中最有名的是雷德利·斯科特为苹果导演的《1984》。除了 30 秒的电视广告以外，也有公司尝试利用互联网创作出时间更长的广告形式。在 YouTube 成立的 4 年前，宝马请来了约翰·弗兰肯海默和李安等大导演为其拍摄一系列题为“The Hire”（赏金车神）的短片，然后在自己的官网上提供了这些短片的下载链接。

不过耐克的实验向市场营销人员证明了，将广告变成内容不一定需要高超的营销技能。YouTube 不设视频时长限制和公开访问的特点让人人都能参与内容营销。另外由于网络视频文化强调分享和评论，所以如果一个广告能够引起人们的讨论，观众是会主动去看的。按照记者詹姆斯·奥布莱恩的说法，现在的广告已经不再是广告，它们可以成为节目本身。

在我们推出了一项叫作“True View”的功能之后，内容营销开始逐渐成为主流。True View 就是大部分用户所理解的“可以跳过的广告”。这种广告会向观众展示至少 5 秒的时间，如果观众不感兴趣，可以点击跳过广告，而广告主只需为得到完整展示的广告付费。起初，这种广告形式确实激怒了不少广告主，但很快它们就认识到了这种广告的好处——广告主可以知道观众会选择看怎样的广告。尽管 YouTube 上仍然会有无法跳过的广告，但现在绝大多数都是 TrueView 广告。这种广告形式会鼓励广告主制作能够迅速抓住用户注意力的广告。

作为全球最大的广告主，宝洁在内容营销方面也游刃有余——它很快就成了社交媒体上的流量巨头，创作了许多在数字时代最具标志性的广告。其中最吸引眼球的一支广告是欧仕派（Old Spice）的“The Man Your Man Can Smell Like”（这是你的男人应有的味道）。在了解到购买男士沐浴露的顾客群体多为女性后，欧仕派决定制作一支专门面向她们的广告。

“女士们——”说出这句开场白后，广告演员开始带领观众穿越到一个个不同的场景——从淋浴间到小船上的甲板，最后定格在一匹白马的背上，所有这些场景都是一镜到底拍完的。这支广告本身就足以成为流行文化的一部分。但是为了扩大这个视频的影响力，欧仕派团队邀请广告演员、摄影师和几位编剧共同参与后续的运营工作——作为对 YouTube、Twitter、Reddit 和 Yahoo! Answers 上观众评论和提问的回应，他们拍摄和发布了超过 180 个专门视频。这个广告本身获得了超过 5000 万的观看量，许多后续回应内容都达到了 100 万次的展示。

除了轻松愉快的小品以外，宝洁也会制作一些更温情动人的短片，比如在 2010 年温哥华冬奥会的“Thank you, Mom”（妈妈，谢谢您）广告中，宝洁刻画了站在奥运健儿身后默默奉献的母亲形象。[①] 这个广告取得了极大的成功，后来宝洁在伦敦、索契和里约奥运会上也围绕这个主题推出了后续广告。

对于宝洁这样的公司而言，YouTube 也成了它们进行大规模广告投放之前的一个试验场。宝洁为女性护理品牌 Always 制作了一部叫作“Like a Girl”（像女孩一样）的短片，其中展示了女孩在到达青春期后容易失去自信的表现。在短片中，导演让参与拍摄的青年男女做出“像女孩一样”的跑步、打架或投掷动作。他们都认为这是一个贬义的说法，然后比画出一些扭扭捏捏的动作。但是当摄制组向一群小学生提出相同的问题时，后者则认为自己应该用尽全力地做这些动作。这段时长 3 分钟的短片在网络上得到了大量的关注，并引起了广泛的讨论，于是宝洁决定将这部短片剪辑成 30 秒的广告版本，将其投放到超级碗上。

在我加入 YouTube 之前，大型品牌提前放出自己的超级碗广告是无法想象的，但现在这已经成了一种惯例，因为很多品牌已经意识到，它们的广告所引起的网络讨论的重要性不亚于在超级碗比赛当天的展示，而后者直接面向的是全美超过一亿个家庭的受众。

为了引发人们的讨论，品牌越来越多地尝试在广告中表达自己的价值观和观点。2017 年超级碗播出的广告几乎都在探讨某个社会问题。奥迪在一场自制小车比赛上提出了关于性别平等的思

① 我对广告里的情景有深切的体会。我在布拉格上大学的时候曾经与捷克奥运代表队一起滑雪训练，要不是我母亲一直不辞劳苦地把我送到杰斯特德滑雪中心，我是不可能做到的。

考。爱彼迎在广告中展示了多位员工的脸部特写，以此表达自己多元包容的精神，其中一句标语是“当你接纳他人时，世界将会变得更美好”。谷歌的广告也传达了类似的价值观，它展示了不同的美国家庭使用 Google Home 智能音箱的方式（“OK Google，小豆蔻可以用什么来代替？”）。

另外一支广告讲述了一个小女孩和母亲一路跋涉前往美国边境的旅程，但她们到达终点时被一座刚刚修建好的高墙阻挡了前进的步伐。这支广告由于涉及政治敏感内容，福克斯电视台拒绝投放，因此它的广告主 84 Lumber 不得不删减掉广告的部分内容，但它后来把完整版的广告上传到 YouTube，后者成了我们播放量最高的 2017 年超级碗广告。

正如我在本书第 4 章里所讨论的，现在的运动员和名人越来越愿意表达自己的观点和价值观，广告主们也开始受到这个趋势的影响。千禧一代的观众非常期待企业能够更真诚，更关注社会。几年之前，强调性别刻板印象和物化女性（“还有双胞胎！”）[1] 的广告比比皆是。如今，广告被认为是一个鼓励和赋权弱势群体的机会。

这个机会有时也会是一个雷区。百事最近推出的一支由肯达尔·詹纳主演的广告就引起了巨大的争议。这支广告的场景似乎是在影射“黑人平权”（#BlackLivesMatter）抗议运动，而它所传

① 出自银子弹（Coors Light）啤酒的广告“Love Songs”（情歌）。

达的一个信息是（无论是否有意），种族之间的冲突也许可以被一罐汽水平息。尽管有些品牌的广告会起到反效果，但我们看到更多的是能够提升社会理解和包容程度的深刻广告。

这个潮流中的一位引领者是多芬。2004 年，多芬从一份调查结果中发现全球只有 23% 的女性认为自己可以摆脱社会强加的标准，为自己定义什么是美丽。作为回应，多芬制作了一支叫作“Evolution”（演变）的广告，其中的画面一直聚焦在一位年轻女模特的脸上，通过延时摄影的镜头，观众可以看到专业造型师在飞快地为她化妆，还有来自摄影师的闪光灯不断在她脸上闪烁，然后镜头定格在其中一张照片上。接着照片经过了软件的处理——模特的脖子被拉长了，眼睛被放大了，脸颊也变瘦了。最后镜头往外一拉，处理完毕的照片变成了一块宣传新款化妆品的广告牌。虽然里面宣传的产品是假的，但是在广告牌下方经过的路人没有怀疑它的真实性。在广告的最后，画面上逐渐显示出这句标语：“难怪我们对美丽的认知是扭曲的。”这段时长 74 秒的视频被上传到了 YouTube，并在两周之内达到了 200 万次的观看量。

几年后，多芬推出了一支叫作“Dove Real Beauty Sketches”（多芬真正美丽素描）的后续广告。多芬进行的另一项研究表明，世界范围内只有 4% 的女性认为自己是美丽的，作为对这个现象的回应，它在广告中请来了几位女士，让她们隔着帘子向一位素描画师描述自己的外貌，后者会根据这些描述画出她们的肖像。作为对比，多芬还安排了几位刚刚认识上述几位女士的陌生人，让素描画师根据这些陌生人的描述为之前的每一位女士重新画一幅肖像。

最后得出的结果出现了鲜明的对比。根据女士们本人的描述画出来的肖像看起来都无精打采，也不太好看；而根据陌生人印象得出的素描会显得更热情，更快乐，更有吸引力，而且后者对本人外貌的还原度一般都比较高。视频最后显示出了这样一句标语："你比你想象中更美丽。"多芬为这支广告制作了 3 分钟和 6 分钟的版本，它们在发布的一周之内得到了超过 150 万的观看量 。Evolution 和 Dove Real Beauty Sketches 都属于 Campaign for Beauty（美丽运动）的一部分，这是多芬持续多年的一个广告项目，还曾经被《广告时代》（*Advertising Age*）评选为"21 世纪最佳广告活动"。

在所有这些变化当中——时间更长的广告形式、可以跳过的广告、内容营销、通过广告传达积极信息——与网络创作者合作也许是最让广告主难以适应的。而凯西·内斯塔特是最懂得如何与品牌合作的网络创作者。

凯西是一位视频日志创作者和电影制作人，他曾经为多个世界知名品牌制作过推广视频，而且这些视频往往都能在网络上走红。谈论到凯西的品牌合作项目时（包括耐克、三星和梅赛德斯-奔驰等重量级客户），人们常常会用"魔法"这样的词语来形容他创作病毒内容的能力。但你越了解凯西（他制作的视频和他的背景故事），你就越能体会到这些根本就不是什么神奇的魔法。

凯西的 YouTube 生涯开始于 2010 年，在此之前，他已经制作过两部电影，获得过一项独立精神奖和一项艾美奖的提名。另外，他的短片曾在多个国际艺术展览中展出，他还向 HBO 卖出了一部剧集——他和哥哥同时担任了该剧的编剧、演出、导演、剪辑和制作工作。在此之前，他曾经是一个住活动房的未成年父亲。从独立电影到 Snapchat，凯西的成功足迹遍布了几乎所有的视觉媒介，这些都是他多年来付出努力和坚持，克服重重困难才换来的。这一切的源头，是他从内心深处对他人关注的渴望。

“我是那个被忽视的孩子。”在位于曼哈顿下城区的工作室里[①]，凯西向我倾诉道。那是一个夏日的周二上午，凯西身穿一件白色 T 恤，头上架着一副自己改装的雷朋 Wayfarer 太阳眼镜。我们在室内交谈时，工作室外站着一排前来参观的人——他们希望能在凯西出门时见上他一面（“这不算什么，下午两点的人数会是现在的 4 倍”）。

“我有一个哥哥，我姐姐是家里唯一的女儿，我后面还有一个弟弟，所以我就是那个倒霉的老三，我只比姐姐晚 13 个月出生，这完全是个意外……我小时候总是那个最吵闹的孩子，因为我非常渴望得到关注。”

---

① 凯西的工作室本身就充满了创作的氛围，各种相机镜头、拍摄器材和滑板随处可见，但它们丝毫不会显得凌乱，因为每件物品都有相应的标记和专门的摆放位置。与其看我的描写，我还是建议你去看看凯西这些年来拍摄的工作室参观片段。

这种渴望让他在学校里吃了不少苦头。上九年级的时候，他的老师都认为这个孩子已经无药可救，说他以后只能在加油站上班，或者被关进监狱，因为他不会好好上课。“我知道他们这样说是不对的，我知道这不是实现幸福美满的事业和生活的唯一方式。我清楚地知道这点，但他们完全不认同我，还把我赶出了学校，因为他们认为自己是对的。”

父母离婚后，他和母亲大吵了一架，随后年仅 15 岁的凯西选择永远离开这个家。他先跟几个朋友住在一起，然后成了两个女孩的室友，并跟其中一个女孩发展出了恋情。后来这两个女孩发生了不和，凯西决定带着女友离开康涅狄格州，搬到弗吉尼亚州投靠哥哥梵·内斯塔特，后者当时正在威廉玛丽学院（College of William and Mary）上学。

梵合法收养了凯西，让他可以就读当地的高中，但是三个月后，他不得不选择辍学——他让自己的女友怀孕了。他和女友搬回了康涅狄格州，凯西在米斯蒂克镇的一家海鲜餐厅找到了一份洗碗工的晚班工作，工资是每小时 8 美元。他的孩子欧文出生的时候，他只有 17 岁。

在活动房住了一年半后，存下一点积蓄的凯西决定带着女友和儿子一起外出度假——这是欧文第一次出远门。他们来到了梵当时居住的纽约，还带欧文参观了动物园，梵把这段旅程拍摄了下来，然后跟凯西一起在他新买的 iMac 上剪辑了这些片段。凯西迷上了这个过程，于是他在回到康涅狄格州后马上用尽了自己信用卡的额度来购买一台 iMac 和一台摄影机。

这是凯西制片生涯的开端。他最开始的视频作品都是一些家庭录像，比如欧文乘坐小火车，在湖中玩耍，还有用木勺子撬开一罐阿华田的片段。凯西告诉我，给儿子拍视频“让我终于找到了一个表达自己的方式”。然而，由于买不起新的录像带，他不得不使用相同的录像带反复拍摄。“你不会想到我现在有多么后悔自己那样做。”

几个月后，凯西结束了与女友的恋情，搬进了餐厅一个同事的家中暂住。想到自己没有理由继续留在康涅狄格州后，他决定搬到纽约继续追寻自己的制片人梦想，只在周末的时候回来探望欧文。他带着一个行李袋、一台 iMac 和 800 美元的积蓄登上了开往宾夕法尼亚的火车。他刚在纽约落脚时做过一段时间的自行车邮递员，后来他开始在艺术家汤姆·萨克斯的工作室工作，他哥哥在那里做助理。[①] 除了工作室的全职工作以外，凯西和梵会利用晚上和其他空余时间做一些视频拍摄和剪辑的兼职工作。除此之外，他们还会抽空一起制作视频。

2003 年，一件改变凯西人生轨迹的事情发生了：他的 iPod 坏了。在使用了 18 个月后，这台 iPod 已经无法正常充电。于是

① 凯西当时听说汤姆需要为自己的一座雕塑作品准备一些警戒线，并愿意为此支付 10 美元的奖金。于是他独自一人花了一个晚上的时间徒步在街上寻找废弃的警戒线，然后亲手把找到的警戒线装进借来的手推车里。当凯西把这些材料送到汤姆的工作室时，这位艺术家对他的付出大为感动，并给了他一份工作。

他前往苹果零售店准备为它更换新的电池，但是那里的工作人员告诉他这款产品是不能直接更换电池的，他只能选择支付 250 美元和运费，把它寄回总部维修，或者花费 300 到 400 美元购买一台新的 iPod。深感失望的凯西决定通过制作视频将这个问题公之于众。在这段名为“iPod’s Dirty Secret”（iPod 的肮脏秘密）的视频里，观众可以看到凯西在纽约街头各处的 iPod 张贴广告上用喷漆写上一行字：iPod 的电池只能维持 18 个月，而且不可更换。这段时长两分多钟的视频先播放了一段苹果的客服电话录音，然后使用了 Public Enemy（全民公敌）乐队的“Express Yourself”作为背景音乐。视频最后的画面定格在 iPod 屏幕上的低电量提示，然后上面打出一行字幕：来自内斯塔特兄弟的一则公益广告。

凯西专门为此建立了一个网站 ipodsdirtysecret.com，并把那段视频发布在上面（当时 YouTube 还未上线）。很快，这个视频就在网络上疯狂传播，吸引了超过 600 万播放量。《华盛顿邮报》《滚石》（*Rolling Stone*）杂志和 BBC 都报道了这个事件，福克斯新闻频道甚至邀请内斯塔特兄弟参加现场采访。一个多月后，苹果就公布了一项电池更换政策，并延长了 iPod 的保修期限。“‘iPod’s Dirty Secret’就是一个非常好的例子，说明我是一个无法得到足够关注的孩子，”凯西说道，“所以我做了这样一个视频，全世界都能听见我的呼喊。”

很快，内斯塔特兄弟开始得到越来越多的关注，于是他们决定独立发展。他们最初的立足点主要是艺术领域，因为他们的短片只有在这个行业才能得到赏识。他们制作的一部叫作 *Science Experiments*（科学实验）的系列短片曾在圣保罗双年展（São Paulo Biennial）中展出。[①]2006 年，饮料品牌 Nantucket Nectars 的创始人之一汤姆·斯科特向内斯塔特兄弟抛出了橄榄枝。他看过了 iPod's Dirty Secret 和他们制作的一些影片，并且非常喜欢他们的风格，所以希望他们能为 Plum TV（斯科特新成立的一家有线电视网络，专门面向入住高档度假区的富人观众）制作内容。

内斯塔特兄弟答应了这个请求，并做出了让汤姆眼前一亮的作品。汤姆决定资助他们制作一个电视节目。他们利用这笔资金做出了《内斯塔特兄弟》（*The Neistat Brothers*）这部 8 集的系列短片。他们三人在 2008 年把这部剧集卖给了 HBO。

这绝对是一部独树一帜的剧集，尤其体现在它的时间安排上。《内斯塔特兄弟》每一集都由多段长短不一的短片精心剪辑而成，凯西和梵各负责其中 15 分钟的内容。从最开始的定格动画片头到结尾的制作人员名单，每一集的每个部分都跟前一集的不一样。这部剧集在内容上的复杂编排，会让人想起韦斯·安德森的电影，只是少了一点柔化和高光的质感。如果说安德森的电影是西装三件套，那么内斯塔特兄弟的作品就像是一件他们亲手编织的毛衣。

在这些短片中，有些片段是比较轻松有趣的，比如梵说他自

① 你现在仍然可以在梵·内斯塔特的 Vimeo 主页上看到这些短片。

从刮掉络腮胡后，身边的人就开始不听他的话了；也有一些是个人的思考，比如凯西谈论自己既渴望保持单身，同时又深爱着坎蒂丝·普尔的内心斗争，这个女孩最后成了他的妻子。其中令人印象最深刻的一集可能是他们向 HBO 推销这部剧集的经历，当时 HBO 刚刚把他们的节目总监解雇了，而后者正是当初对内斯塔特兄弟的作品感兴趣的人。

梵拍下了自己身穿浴袍在酒店房间里来回踱步的片段，当时他们已经结束了与 HBO 高层的会议，取得了不错的成果。但是这个好消息并没有让梵高兴起来，因为他准备离婚——当他的事业正要迎来重大成功的时候，他的个人生活却开始出现裂痕。想到自己的人生即将发生巨变，他开始自言自语，无法直视镜头。“我要回家做一件非常艰难的事情……所以这只是很小的一部分——”他停下来稍作思考后继续说道，“梦想开始成真的一小部分。”

在筹备这部剧集期间，凯西还跟汤姆一起制作了两部电影，它们都在戛纳电影节上举行了首映式。其中第二部电影《长腿爸爸》（*Daddy Longlegs*）讲述的是一位年轻父亲在责任和叛逆之间挣扎的故事，它获得了独立精神奖约翰·卡萨维兹奖（Independent Spirit John Cassavetes Award），这个奖项专门用于表彰制作预算低于 50 万美元的优秀电影，《女巫布莱尔》（*The Blair Witch Project*）和《心灵驿站》（*The Station Agent*）都曾拿过这个奖项。

凯西后来还为《纽约时报》制作了一系列短片，其中

“Dinner Plans”曾经获得过一项艾美奖的提名，但是它在后来的角逐中败给了 will.i.am 为奥巴马竞选总统制作的病毒视频“Yes We Can”。①

然而，在取得这些事业成就之后的两年里，凯西卷入了他所说的“主流媒体的政治斗争”之中。虽然他的系列短片被 HBO 买下了，但是 HBO 的新任节目总监认为这部低成本的作品并不符合她的战略方向。在被搁置两年后，《内斯塔特兄弟》的播出时间最终被安排在了周五午夜，这大概是最糟糕的播出时段了。在这两年里，《长腿爸爸》也一直没有找到合适的分发途径和上映影院。“我在那两年什么都没做成。”凯西说道。这段新作品的真空期也让他意志消沉，觉得自己成为大牌制片人的梦想要破灭了。

“这是一个转折点，”他告诉我，“我当时对自己说，‘不不不，我喜欢的不是政治斗争，不是那些上流聚会，也不是燕尾服和贵宾轿车。我喜欢的是创作这件事’。但是我混进了这个媒体世界不属于我的一面，就是主流媒体的那一面，这反而让我离自己喜欢的东西越来越远。”

于是，凯西不再接其他的电视制作项目，也不再参与运营他和汤姆·斯科特成立的制作公司，他选择再次独立发展，“热烈地

① 《内斯塔特兄弟》中有一个令人捧腹的片段：在艾美奖的颁奖典礼上，梵和凯西身穿礼服在嘉宾席上紧张地等待主持人念出提名名单。“我们的对手竟然是奥巴马的视频，之前怎么没有人告诉我！”得知自己落选的梵点燃了一根香烟，随后被安保人员带出了会场。

投身到 YouTube 中”。

我问凯西，为了在 YouTube 独立发展而放弃其他合作机会是怎样的感受。这是一个重大的决定，他说，“但是做出这个决定并不艰难，我也没有考虑多久，很快就认定互联网是最好的选择。不过我可以告诉你，我还清楚记得第一次把‘凯西·内斯塔特’这个名字写在视频上的感觉，因为之前都是写‘内斯塔特兄弟’的，所以这让我觉得有点奇怪。”

不过，他开始渐渐喜欢上这种独立工作的状态。“如果有一个搭档，你可能会把所有的失败归咎于对方，而就算成功了，功劳似乎也不是自己的。如果是自己一个人，所有东西都会落到你的肩上，我很喜欢这种感觉。”

凯西早期的 YouTube 视频比较贴近他以往短片作品的风格，每段视频都经过精心打磨，而且需要一个月左右的拍摄和剪辑时间。他最先火起来的一个作品是他上传的第 9 个视频，“Bike Lanes”（自行车道）。凯西之前曾因为没有按规定在自行车道骑车而收到一张罚单，于是他在视频中拍下自己严格保持在自行车道骑车的片段，其间，他多次撞到了路上的各种障碍物。在视频的最后，他放上了自己撞上一辆挡道警车的镜头，以此讽刺警察向骑车者开罚单的做法。

虽然“Bike Lanes”取得了不错的成绩，但仍然远远比不上他下一个大获成功的作品——“Make It Count”（记录每一步），这是他为耐克新推出的 FuelBand 健身追踪器制作的一个推广视频。

再一次，他的人生因为一件便携电子设备发生了改变。

“现在这段莽撞的旅程就要开始了。”凯西在视频的开头说道。他之所以这样说，是因为他当时在机场差点没赶上飞机，但其实这句话的含义贯穿了整段视频。凯西和他的好友兼制片人麦克斯·约瑟夫此前已经为耐克 FuelBand 制作过两个推广视频。他们接下来应该以“Make It Count”为主题制作第三个视频。但凯西这次决定打破常规——他们把制作预算用作一场全球冒险的旅费。他们在没有任何计划的情况下从一个地方飞到另一个地方，直到预算用完为止。这段旅程持续了十天的时间，其间，他们游览了横跨三大洲的 13 个国家。

虽说这是一段莽撞的旅程，但你仍然可以看出这段时长四分半钟的视频确实经过了精心的制作。视频的画面不断在世界各地的场景之间来回切换，观众可以看到凯西在巴黎、开罗、曼谷和罗马等地跑步、跳远、后空翻和玩滑板的片段。他和麦克斯参观了吉萨金字塔，在赞比亚观赏了维多利亚瀑布，在意大利看到了歌诗达协和号邮轮的残骸。其中最令人惊心动魄的一个片段是，凯西从 65 英尺高的悬崖上跳进了阿曼的比曼天坑（Bimmah Sinkhole）。他还在自己的前臂上文了一个“DO MORE”（去做更多）字样的文身。而这一切的开端是凯西从包装盒里取出了一块全新的耐克 FuelBand。

看到剪辑完成的视频后，耐克明智地看出了它的潜力。在耐克正式发布之前，凯西先把这段视频传到了自己的 YouTube 频道。

它在三天之内就获得了900万的观看量。科技新闻网站Mashable在一篇文章中表示，这可能是最成功的品牌合作推广内容。

接下来这篇文章笔锋一转，指出凯西的做法是在“耍无赖”，尽管他在完成视频制作之前没有向耐克透露任何片段，但他说自己的工作得到了耐克的充分信任——耐克的联系人对他的唯一要求是“不要给我惹麻烦”。

“耐克能够形成这种品牌形象是有原因的，”凯西告诉我，“那是因为他们勇于冒险。他们都是真正有想法的人，他们知道只要传达出产品的理念，人们就会来买你的产品。没有人在意的产品是永远卖不出去的。”

自此以后，知名品牌打来寻求合作的电话就再也没有停过，凯西也陆续接到了多个合作项目。在为J.Crew防皱西装制作的推广视频当中，他列举了一些能让旅行变得更有格调的建议，里面甚至有他穿着西装冲浪的场景。他还为梅赛德斯–奔驰的新款CLA车型拍摄了一支广告，他在其中跟一位身着比基尼的女模特一起开车驰骋在博纳维尔盐滩之上。他还接到了电影《白日梦想家》（*The Secret Life of Walter Mitty*）的宣传项目，他带着这笔广告预算来到菲律宾，为受到台风“海燕”袭击的灾民们购置和分发救济品，并把整个过程拍摄下来。这些作品都成了YouTube上的大热视频。

除了这些品牌合作以外，凯西还成立了一家自己的科技公司，推出了一款专门用于快速分享视频的应用Beme。这款应用的特点是，只要用户把手机放在胸前，它就会自动录制时长 4 秒的视频，然后直接把视频分享出去，用户无法再次查看或编辑。作为记录这家新公司的发展以及训练自己创意的一种方式，凯西开始投入到视频日志的制作中。

———

看过凯西的频道后，你很难不产生用视频记录这个世界的想法。他采用的拍摄手法，无论是延时摄影、无人机航拍片段，还是在说走就走的旅行中拍下的机舱外风景镜头，都能让你感受到原来自己身边的世界可以如此有趣，只是在于你是否愿意把它记录下来。他开创的视觉风格启发了多少视频创作者？这点我们不得而知，但是我们可以从成百上千的 YouTube 频道中看出他的痕迹。

凯西的视频日志不仅制作精良，而且充满趣味，你还可以发现一些致敬经典电影的桥段。例如，在一场暴风雪过后，他在一辆吉普车的牵引下在纽约街头玩起了单板滑雪。在另外一个视频中，他把自己的好友兼 YouTube 创作者杰西·韦伦斯打扮成阿拉丁的形象，让他踩在一块飞毯上穿梭于纽约的大街小巷（那其实是一块被布料覆盖的电动滑板，但看起来已经足够以假乱真）。

当然，你还可以看到凯西为三星拍摄的系列广告的幕后花絮，包括他在奥斯卡红毯上担任主持的 360 度全景视频；他在直升机的绳梯上拍摄好莱坞标志的过程；还有他带着一台巨型自制八轴无人机前往芬兰滑雪村，让无人机拉着他滑雪的片段。

后来我跟约翰·格林谈到了我最近参观凯西工作室的经历。“很难想象我们在做同样的工作。”他告诉我。

近日我们有幸邀请了凯西来到 YouTube 办公室参加一天的会议，其间，我们安排了一个问答环节。他那天的穿着也很休闲：白色的保暖内衣外套着一件灰色 T 恤，破洞牛仔裤，一双黑白条纹的袜子，我们上次见面时的那副 Wayfarer 太阳眼镜依然在他的头上架着。我们交流了各个方面的内容，很快就提到了他的品牌合作视频。我们的一位员工问他，一个成功的品牌合作项目会有什么特点。

“作为一个每日更新的视频作者，你可能会觉得我有很多品牌合作的机会，因为我反正都要更新视频，只要想出怎么植入广告就行了，这样就皆大欢喜了。但现实远远没有那么简单。”他跟我们分享了在前一天发生的一件事情：他的广告代理为他接到了一个品牌合作的机会，对方是一个知名的大品牌，它对这次合作有很清晰的想法，也开出了十分丰厚的报酬。他看了一下这份合作意向，然后开始回复他的代理人。

“你也可以把这封邮件转发给他们，”他写道，“这是我见过最蠢的广告项目。如果他们找来 10 个 YouTube 播主谈合作，我是会说不的那个，但另外 9 个人会说，‘好啊，这个报酬也挺高的’。他们会完全按照对方的要求去做，然后会收到 100 万条这样的评论——‘这个东西太蠢了，你为了赚钱连这个都做’。他们会收到 100 万个‘踩’，观众数量会暂时减少。代理公司会抓取广告活动的原始数据，然后跟客户说，‘看看我们得到了多少曝光量，太棒了’。”说到这里，凯西高高举起了两个大拇指，“但事实上客户并没有得到好处，代理公司显得很愚蠢，YouTube 创作者也蒙受了损失”。

“你让他们去找一个自己真正喜欢的创作者，跟他形成良好的关系，然后放手让他去做。‘这是我们的产品，这是我们想达到的效果。你可以帮我们做什么？你可以用什么原创的方式做出能让你的观众觉得有意思的东西？’”

他把这封邮件发给了自己的代理人。第二天早上，代理人给他打来一个电话，说她已经把之前的邮件转发给了客户，“他们现在准备提供双倍的预算，而且你可以按照自己的想法来做”。

凯西承认这个故事反映了他玩世不恭的态度。“我不是想要挟我的客户或者代理公司。”他说。几十年来，广告公司一直在沿用相同的模式，他认为广告行业确实需要一些快速的改变。他表示，墨守成规带来的风险是，年轻观众会拒绝那些显得不够自然和真实的品牌合作。

后来他在自己的工作室里向我解释了人们会对生硬的品牌合

作如此敏感的原因。“问题的关键在于，现代人已经完全被媒体包围了。就在我跟你说话的这会儿，我的两只眼睛就分别看着两块屏幕，然后这里还放着另外两块屏幕。这样的一个结果是，我们都能非常敏锐地看出虚假的宣传，如果这看起来是假的，我们会选择无视它。我总是这么说，比糟糕更糟糕的是被无视。这是我对 99.9% 的广告的看法，它们都被无视了，你甚至不会看到它们，不会知道它们的存在。所以如果想达到广告的效果，你必须明白这点。”

他表示，在这个人人都保持警惕的世界里，“影响力是市场营销唯一重要的指标。现在的影响力都集中在哪里？社交媒体上的名人。而在社交媒体的金字塔里，YouTube 凌驾于一切之上。在市场营销领域，没有比 YouTube 和 YouTube 播主更权威的存在”。

即使是我都对这个说法有所保留，但他继续解释道：“人类历史上从来没有出现过像互联网这样的能够让我们与全世界沟通的工具。而说到与世界沟通的最有效方式……视频是终极沟通方式，在这个前提下，YouTube 是传播视频的终极渠道。而且这点很容易通过一些可量化的方法来证明。金·卡戴珊在 Twitter 上拥有 6000 万关注者。她发出一条推文，这些粉丝里面有多少人会看到？看到这条推文的人，会花多长时间去读它？即使所有粉丝都看到并看完了这条推文，那它充其量也只是一条 140 个字的信息。

“但我每天有十分钟由视频和音频结合而成的内容，这是一种有力的信息传达方式。没有其他东西的影响力能比得上它，电视不行，历史上的其他传播方式也不行。这就是我的机会所在。”

尽管如此，也不是所有公司都愿意把自己的品牌托付给社交媒体明星，因为它们不能完全理解这些网红的成功。很多世界一流的公司花了数十年的时间精心塑造和维护品牌形象。即使以前请过明星代言人，它们仍然能控制广告传达的信息和媒介。为 Nespresso 代言广告的乔治 · 克鲁尼也不能影响广告本身的创意，他只是在里面扮演了一个角色。

但大多数 YouTube 播主都是通过展现真实的自己来吸引观众的。很多千禧一代的受众本身就不信任大企业，他们可能会觉得所有赞助广告都是假的，尤其是那些过于生硬，或者不符合创作者个性的广告。

每个品牌最终还是要找到最适合自己的方式去跟网红合作。耐克或梅赛德斯也许可以完全信任一个网红创作者，让他构思出自己想做的广告。对于更传统的品牌而言，这样做会显得过于冒险。但如果一家公司想知道自己的极限在哪里，它只能尝试在创意上冒险。

我想明确的一点是，虽然我提出广告主应该更勇于冒险，但这并不意味着它们要默许自己的广告出现在任何地方。YouTube 最近也受到了一些来自广告主和广告公司的批评，我们认为这些批评是合理的，因为我们的算法有时会错将广告投放到违规内容之中。在少数极端的例子中，我们的客户发现自己的广告被安排在了带有仇恨观点的视频之前播出，导致它们临时撤下了自己的广告。从那以后，我们也投入了很大的心血来解决这个问题，比如重新调整算法，找出更适合插入广告的内容，同时让品牌更好地控制自己的广告出现的位置。

对于广告主而言，走出舒适区意味着什么呢?

对于巴西快餐连锁店 Spoleto 而言，这意味着将错就错地扭转人们对它的负面印象。某年圣诞节，YouTube 的喜剧团体 Porta dos Fundos 制作了一个视频来讽刺这家餐厅饱受诟病的服务质量。视频的情节是，一名女性顾客在点餐时遇到了一个态度极差的服务员，因为顾客迟迟无法决定要给自己的意大利面加什么配料，那个服务员开始发怒，一边把棕榈芯扔到顾客的脸上，一边辱骂她，还把她吓哭了。“没有人叫你来地狱吃饭！”服务员大声叫嚷道。

Porta do Fundos 以为 Spoleto 不会喜欢这个视频，但事实恰恰相反，这家公司决定加入这个玩笑。他们联系上了 Porta dos Fundos，并邀请这个喜剧团体为他们制作一系列续集，继续讲述那个服务员的故事：他由于服务态度恶劣被解雇了，接受了关于愤怒管理的心理咨询，最后回到了原来的工作岗位上，但是他的一举一动都会受到经理的监视。这些新视频保持了原来讽刺有趣的风格，也传达出了这家餐厅正在努力改善服务质量的信息。这是 Spoleto 的一次赌博，但他们赞助的三个视频都吸引了数百万的观看量。而 Spoleto 自己频道的视频最多只有 30 万观看量。

品牌与创作者之间的合作也有相当好的成功前景。网络红人本来就已经证明了自己有能力获取和维持注意力，这对于品牌来说是一个很大的优势，而且他们的身价通常都远低于明星代言人。另外由于创作者可以通过评论和推文直接与观众互动，比起高高在上的名人，他们更像是观众的朋友，这一点可以让他们更好地施展自己的影响力。

值得一提的是，创作者在社交媒体上推广或代言产品时有责任公开自己与品牌之间的任何利益关系。即使在利益关系充分公开的前提下，创作者仍然可以为品牌带来非常好的宣传效果。我们之前对青少年和千禧一代的 YouTube 用户做过一项调查，有 60% 的受访者均表示自己愿意听从喜爱的创作者给出的购买产品建议。

品牌一开始应该如何选择适合自己的创作者呢？“你要自己做功课，”凯西说道，“你不能仅凭数据选择合作对象。你想知道跟泰勒·奥克利合作会有什么效果？去看他上传的 600 个视频，了解他究竟是怎样的一个人。你应该在开始合作之前做好你想要的控制和决策工作，而不是之后。”

“现在有 2000 万创作者可以供你选择，找出最适合你的那个。接下来的事情交给信任就可以了，”他停顿了一下，“这对广告主来说很可怕。”

我之前跟我们的广告主们讨论过如何在数字时代的挑战下做好品牌管理工作，我给出的建议是要把自己的品牌看成是青春期的孩子。我的两个女儿在年纪很小的时候，她们会更愿意听爸爸妈妈的话。我们可以通过一些规定来控制她们的生活，比如告诉她们什么时候该做作业，什么时候该睡觉，放学后可以在哪里玩耍。

现在我的两个女儿都到了青春期，我们经常发现自己已经不能像以前那样轻易地控制她们了。我的大女儿刚开始自己开车，她现在的自主权要比几个月前大多了。任何一个经历过孩子青春期的父母都会有这样的体会：一方面父母想要展示自己的权威，另一方面孩子需要表达自己的成熟和自由，这种冲突会让父母感到十分不适。但是如果要让孩子的个性得到充分发展，这种不适也是必须承受的。

如果想跟 YouTube 播主建立成功的合作关系，品牌也应该接受同样的心态：有时候需要懂得放手，懂得把权力交付出去。即使不知道接下来会发生什么，它们有时也不得不接受。

第 12 章

流行孵化

音乐产业重回巅峰时刻

258

我准备向台下的观众介绍斯库特·布劳恩上台，但完全不知道他要说什么。我邀请斯库特做我在CES（每年在拉斯韦加斯举行的一场大型消费电子展）上的演讲嘉宾。虽然我的团队已经跟他的团队沟通过了，我们向他提出的建议话题是谈谈YouTube如何影响他旗下艺人的成功，但不清楚他到时会讲什么。他的职业生涯就是一个不断颠覆传统的过程，所以他显然也不准备做一个传统演讲。

自2007年发掘贾斯汀·比伯以来，斯库特已经建立了一家史上最成功的音乐经纪公司。除了贾斯汀·比伯这位招牌明星以外，他旗下的艺人还包括亚瑟小子、爱莉安娜·格兰德、维克·门萨和坎耶·韦斯特等。他还成立了一家独立厂牌Schoolboy Records，后者现在已经有好几位榜单排名前40的签约歌手，比如托里·凯莉和卡莉·蕾·吉普森。斯库特最近还参加了一些数字视频、电影和电视节目的制作，包括CBS的《天蝎》（*Scorpion*），这部以白帽子黑客为主题的悬疑片在年轻观众当中很受欢迎。

“女士们，先生们，请以热烈的掌声欢迎SB Projects的创始人斯库特·布劳恩。”我在走下舞台之前向观众们介绍道。

大屏幕上先放了一段展示这家公司代表作品的视频，然后斯库特登上了舞台，他当时穿着一件皮夹克，里面是一件敞开拉链的黑色连帽卫衣和一件T恤，他脸上的胡茬似乎有几天没刮了。他把双手插在裤子的口袋里向台下的观众说道：“我是搞音乐的，所以我今天没有穿西装。”在感谢完YouTube的演讲邀请后，他继续说道：“我来到现场之后在想，到底该说什么呢？于是我决定从罗伯特想要传达的信息出发。他想传达的是，如何用YouTube改变人们的生活和整个世界。然后我突然意识到，这就是我生活的全部。我自己就是被YouTube改变生活的一个活生生的例子。”

斯库特的人生被YouTube改变的故事开始于亚特兰大。在埃默里艺术与科学学院上学的时候，斯库特就已经成功组织过许多大型派对，吸引了成百上千名大学生和本土艺人参与，比如CeeLo Green、Ciara和LilJon等。斯库特的派对逐渐得到了更多人的关注，后来他甚至为布兰妮·斯皮尔斯、NSYNC和Ludacris等大牌明星举办过当地派对。在一场这样的派对上，斯库特结识了亚特兰大唱片公司So So Def Recordings的老板杰梅因·杜普里，这位说唱歌手非常赏识斯库特，邀请他成为自己唱片公司的市场主管。他们的合作维持了三年半，这也是杜普里职业生涯中最辉煌的一段时期。

这段合作结束的原因是，斯库特最后跟这家公司在如何于数字时代推广艺人这个问题上产生了分歧。看到MySpace、

Facebook（埃默里艺术与科学学院是 Facebook 最先进入的几家大学之一），还有一个叫作 YouTube 的新服务流行之后，他认为自己可以利用这些新兴社交媒体工具来推广艺人，从而摆脱对大型唱片公司的依赖。但当他尝试说服 So So Def Recordings 采用这种方式时，公司内部没有人支持他。

"我不是生他们的气，"几个月后，他在自己的办公室向我说道，"但他们当时跟我说，'你很擅长你所做的事情，但从来没有人这样做过。你还很年轻，你对这些又懂多少呢？'"会见我的那天，他穿着一件棕色皮夹克和牛仔裤，还有一双白色运动鞋，神情看起来十分轻松，他说自己当时决定向一位不太可能的对象寻求建议：Lil Jon。

Lil Jon 之前也在 So So Def Recordings 工作过，后来离开转型成为艺人，他告诉斯库特自己花了 12 年的时间才离开这家公司去追寻自己的梦想，"你不要也花 12 年的时间"。

不久后，斯库特便离开了 So So Def Recordings，在兼职完成一些市场营销项目[①]之余，他开始思考如何实践自己的社交媒体推广策略。"我开始这样想，很多人在 YouTube 上花的时间要比电视

---

① 他有一次特别大胆的尝试：他冒充自己是一个大学生记者，争取到了采访汽车品牌庞蒂克（Pontiac）的市场主管的机会。会面的时候，他承认自己来这里不是为了采访这位高管，而是来向她推介 Ludacris 的赞助项目。虽然此举惹怒了对方，但斯库特还是成功说服了她参加 Ludacris 的新电影《撞车》（*Crash*）的首映式。看到 Ludacris 在片中的演出后，她同意向他提供一份 1200 万美元的代言协议。

更多，而且他们会在更私密的场景下收看 YouTube。在一个房间里看电视，可能会有人进进出出打扰你，而且你知道在同一时间有数百万人看着同样的内容。但是观看 YouTube 的时间是属于你自己的，只有你在看你自己的手机或笔记本电脑。”

他分享了自己的父亲以前如何通过唱片商店的黑胶唱片发现新音乐，而他自己也是从小听着卡带和混音带长大的。“我突然想到，这个社交媒体就是新的混音带，新的黑胶唱片。”

2007 年，他在 YouTube 上看到一个 12 岁加拿大男孩参加选秀节目的视频，这个男孩的名叫贾斯汀·比伯。多番搜寻之后，他成功通过电话联系上了贾斯汀的母亲佩蒂·马利特。他在电话上足足游说了这位母亲两个小时，终于成功说服她带着儿子来到亚特兰大。斯库特把母子二人安置在一座房子里，然后开始带领贾斯汀开启他的音乐事业。

他花了一年半的时间为贾斯汀打造了一个大受欢迎的 YouTube 频道。其中最早期视频的内容一般是贾斯汀拿着一把原声吉他弹唱经典歌曲的表演，还有一些打鼓的片段，这些视频的时长从 30 秒到 3 分钟不等，但斯库特对所有视频都有一个规定：“我从来不会让贾斯汀这样说，‘我叫贾斯汀·比伯，接下来我要开始表演’。我跟他说，‘你直接开始表演就行了，甚至不用看镜头’。我想为观众营造一种窥探的感觉，我希望他们觉得这些内容是他们不应该看到的，这样就能产生一种更亲密的感觉。因为如果你是他的朋友，他就不会跟你说，‘我叫贾斯汀·比伯，接下来我要表演的是《Cry Me a River》’。”

这些视频逐渐积累了一些人气，但它们都没有达到斯库特所期望的效果。他们拍摄了一个又一个视频，到了第 16 个视频，这个频道终于火了，这段贾斯汀翻唱克里斯·布朗的《With You》的视频在一夜之间收获了 100 万的观看量，而且它的光环效应还带动了频道里所有其他视频——它们的观看量很快也突破了百万。“我们就像是 Netflix，”斯库特说道，“我们有一整季的内容供观众们连续观看，Netflix 也是这样做的。”

当贾斯汀的视频总观看量达到 6000 万左右的时候，斯库特开始带着贾斯汀拜访各大唱片公司，希望找到能签下他的公司。“毫不夸张地说，所有人都觉得我疯了。”他说。他们告诉斯库特，YouTube 艺人不会成为明星，视频的观看量也不会转化为唱片销量。尽管他争辩说贾斯汀在网上的粉丝数量要比他们旗下的任何艺人都多，但仍然没有得到认可。他收到的回应是，贾斯汀并没有更高的人气，连一张唱片都没有发布。“不，他的人气更高！”斯库特说道，“你看看我在 YouTube 的成绩，看看我是怎么利用它的！”当他尝试向传奇音乐大亨克莱夫·戴维斯介绍贾斯汀时，对方的团队表示克莱夫从不上网，也不会去看一个 YouTube 频道。“你能给我们一张 DVD 吗？”他们问道。

斯库特收到的拒绝越来越多，他的一些好友也尝试劝他放弃。他们表示他在这个行业本应前途无限，但这样做是在自毁前程。他们还说他已经浪费了一年的时间在这个项目上，不应该再这样执着下去。但斯库特无法理解为什么大家都看不到贾斯汀的潜力。他每天早上醒来都能看到贾斯汀的视频观看量又增长了。他告诉自己的好友们，“我已经把我的人生押在这上面了，我知道我是对的”。

最后，在亚瑟小子的帮助下（他们从 So So Def Recordings 时期开始成了好友），斯库特成功让 Def Jam Music Group 的主席兼首席执行官安东尼奥·雷德签下了贾斯汀。根据斯库特的说法，雷德当时其实并不想签下贾斯汀，只是想卖个人情给亚瑟小子，希望他能在合约期满后加盟自己的公司。“那个孩子不会走红的。”据说这是雷德对贾斯汀的评价。

“我尊重这些人的背景，”斯库特告诉我，“而且我迟早有一天也会变成他们那样，因为这个世界的变化实在太快了。依照现在的技术发展速度，可能我在四五十岁时候就落伍了。但我当初所坚持的事情已经成了现在的标准和常态——大家当时都觉得我是个疯子。”

曾经，发掘新艺人是一项需要大量现场考察的工作。新晋音乐人会通过免费参加演出来得到外界的关注，而星探人员如果想找到明日巨星，只能观看大量的新人演出或者收听他们的混音带。

如今，这些工作的很大一部分都可以由观众来完成。如果一位音乐新人可以做出一个大受欢迎的音乐视频，他将很有可能成为签约歌手，这通常是艺人职业生涯的开端。在贾斯汀·比伯之前，这个模式是不存在的。在当时的音乐产业眼里，YouTube 只有两种用途：大牌艺人发布官方音乐视频的地方，以及业余音乐人自娱自乐的平台。在斯库特成功之前没有人认为在这里可以发现下一个超级巨星。

我问斯库特人们的意识是在什么时候发生转变的。“是在迈克尔·杰克逊去世的时候，”他坦言道，“那一周的 iTunes 排行榜上都是迈克尔·杰克逊的作品，只有两个音乐视频例外，一个是泰勒·斯威夫特的《You Belong with Me》，它排在第 4 位，同时也是她到目前为止最热门的单曲之一。第一、第二、第三、第五、第六都是迈克尔·杰克逊，第八、第九、第十也是迈克尔·杰克逊。第七位是一个叫作《One Time》的视频，但这个歌手的名字没有人听说过，他就是贾斯汀·比伯。这个视频没有做任何推广，也没有人听说过他。为什么当其他大牌歌手都要向迈克尔·杰克逊让位的时候，贾斯汀·比伯还能留在前十位呢？”

这是贾斯汀的首个音乐视频，它的制作预算只有 25000 美元，而且还是斯库特向唱片公司苦苦恳求才争取到的。公司的公关人员甚至表示出了明显的不屑，“那个 YouTube 男孩？”他问道，“我可不感兴趣。”但是当正式的音乐视频在 YouTube 频道发表之后，人们都要求官方让这个视频上线 iTunes。斯库特向安东尼奥·雷德说明了这个情况，后者对他说：“虽然我不懂市场营销，但我懂音乐，所以无论你在搞什么名堂，请继续。”

斯库特确实在继续他的尝试。他为贾斯汀新专辑的所有歌曲都制作了原声版本，并在专辑正式发售前的一个月把它们发布到了 YouTube 上。这些原声版本的歌曲极大地促进了专辑本身和演唱会门票的销售。到了专辑正式发售的时候，里面的各支单曲立刻就登上了销量榜的前列，而参加贾斯汀现场演出的粉丝们都已经能熟记他每一首歌的歌词了。

贾斯汀的影响力不只体现在美国国内。斯库特发现贾斯汀的 YouTube 视频在英国的表现也非常好，于是他极力向公司争取把贾斯汀送到英国。但是公司的高层没有采纳他的提议，他们给出的理由是那里不会有人认识贾斯汀，因为他的歌曲还没有登陆英国的电台。斯库特只好自费带着贾斯汀飞到英国，并在 Twitter 上宣布贾斯汀将在环球唱片[①]的伦敦分部门前表演。现在你可以在 YouTube 上看到当时现场的视频——贾斯汀正捧着一把原声吉他弹唱他的曲目，周围有成百上千名英国少女大声跟着唱。“他们从来没有见过环球唱片的大楼前面聚集了这么多人。”斯库特说道。第二天，贾斯汀的音乐就开始在英国电台播放了。

在斯库特看来，贾斯汀吸引人的地方不仅在于他的音乐，还有他的背景故事。“我们正处于经济衰退之中，但你打开电视之后会发现，最受青少年欢迎的节目是《好莱坞女孩》(*The Hills*)，”他说，“这不现实。你看到的是一群俊男美女在拉古纳海滩炫耀自己的名车豪宅，但你的爸妈都快要失业了。”

“我要给他们讲一个关于希望的故事，我要讲这样一个孩子的

---

① Island Def Jam 的母公司。

故事，他的妈妈还未成年就把他生下来了，而且他们还一直需要依赖政府救济度日。他只是在YouTube上传了一个视频，从来没有幻想过自己能离开家乡小镇。而现在他实现了自己的梦想，你一样可以。”

在贾斯汀依靠YouTube走红之前，没有唱片合约的艺人几乎不可能得到大众的认可。如果你想成为一个当红的音乐人，需要有电台播放你的歌曲，有商店销售你的专辑。只有大型唱片公司能够负担专辑录音、压制和全国发行的高昂成本。同样你需要唱片公司的支持才能打入全国性的热门电台，因为电台的音乐播放列表通常都会受到严格控制。

到1981年，这种情况开始有所改变——那一年MTV在美国成立。这个频道刚刚出现就动摇了广播电台对唱片销量的掌控地位，它播放的音乐视频往往是那些还未登上电台的歌曲。不过它也不得不这么做，因为当时音乐视频在美国是一个新的概念，不会有很多主流歌手制作这些视频。但是在MTV出现的几年前，英国就已经有《Top of the Pops》这种专门播放音乐视频的节目。因此，最初在MTV上成名的艺人很多都是来自英国的乐队，比如Human League、Billy Idol和A Flock of Seagulls。①

① MTV播出的第一个音乐视频是The Buggles的《Video Killed the Radio Star》。这首歌本来不是为了登上MTV而写的，它在MTV成立的两年前已经被制做出来，其主题是批评音乐视频已经让英国音乐变得流于视觉效果，而不重视音乐的本质。

随着有线电视在美国的普及，MTV 也为新兴音乐流派的推广发挥了重要的作用，比如嘻哈音乐和垃圾摇滚（grunge）都是通过 MTV 成为美国主流音乐的，而地区电台都不愿意播放这种类型的音乐。“我们相当于一家全国性的电台，”汤姆·弗雷斯顿告诉我，“我们把一些以前没有人听过的音乐传输到了数百万个美国中产家庭。”

然而，拍摄音乐视频的成本不会比压制唱片更低，而跟唱片不一样的是，音乐视频不能直接为艺人带来收入——MTV 不会为播出音乐视频支付任何费用，因为它本身就是艺人宣传自己作品的有力工具。因此，MTV 的存在其实进一步强调了唱片公司的重要性，因为音乐推广的预算被掌握在它们手上。到了后来，在 MTV 投放视频的竞争甚至要比打入音乐排行榜更为激烈。

“每周二是我们聚在一起讨论下周播出什么视频的时间，”汤姆·弗雷斯顿说道，“当时我们就像是整个唱片产业的风向标。”在 MTV 的推动下，音乐视频的制作预算一下子攀升到了数百万美元，这对于大多数独立艺人来说根本是天文数字。

在这种情况下，唱片公司也会重点培养那些更上镜的艺人，因为当时的音乐视频已经与微电影无异。[①] 比如《Thriller》和《Sabotage》这样的经典音乐视频就是很好的先例，它们表明艺人

---

① 这个趋势也影响了电影产业的发展，很多年轻导演，比如斯派克·琼斯、大卫·芬奇、安东尼·福奎阿、高尔·韦宾斯基和迈克尔·贝都是先从音乐视频起步的，然后才开始执导剧情电影。

除了能够唱出动听的旋律以外，还需要拥有吸引观众的风格和形象。唱片公司也自然会将发现明日巨星的目光投向已经拥有荧幕经验的新秀。20 世纪 90 年代称霸 MTV 频道的布兰妮·斯皮尔斯、克里斯蒂娜·阿奎莱拉和贾斯汀·汀布莱克都曾经参与过《米老鼠俱乐部》(*Mickey Mouse Club*)的录影。

不过斯库特向唱片产业证明了这种发掘超级巨星的模式可以被彻底颠覆。音乐新秀不仅可以在网络上被发现，比如有些唱片会直接签下在 MySpace 成名的艺人[①]——大量观众的选择还可以让荧幕形象更好的艺人直接脱颖而出。由于 YouTube 本身就是一个视觉媒介，这意味着 YouTube 上的人气艺人肯定在音乐和形象方面都有过人之处。最重要的一点是，YouTube 是一个面向全球的平台：新晋艺人可以来自任何地方，他们的音乐也能传播到任何地方。

在 CES 的舞台上，斯库特还分享了他的人生被 YouTube 改变的另一个故事。有一天，他的首席运营官兼大学好友斯科特·曼森给斯库特发了一封邮件，并附上了一个 YouTube 最新视频的链接。这是斯科特的一位韩裔好友推荐给他的，于是他也把这个令人捧腹的视频转发给了斯科特。“这是不是很好笑？我太喜欢这个家伙了。”斯科特在邮件中写道。

---

① 阿黛尔就是通过这种方式被发掘的：阿黛尔的一位高中同学把她在班级活动上唱的歌上传到了 MySpace。这些歌曲得到了 XL Recordings 唱片公司的老板理查德·拉塞尔的关注，后来阿黛尔成了这家公司的签约歌手。

斯库特匆忙地回复了三个字："找到他。"

那是2012年的初夏，斯科特分享的视频就是韩国流行歌手鸟叔的《江南Style》。当时那个视频大概只有6万的观看量，但是斯库特马上就能看出这个视频不寻常的地方——这点甚至连鸟叔本人都没有意识到。斯科特对他的反应大惑不解："你想让他做一个英语版本的吗？"

"不，"斯库特回复道，"我就要韩语的。"

斯库特向台下的观众解释了他从那个视频里看到的东西。"曾经有这样一首歌，在座可能还有人记得，是Snow唱的《Informer》。[1]还有人记得吗？"虽然台下发出了一阵窃窃私语声，但这儿百名观众里面只有一个人拍了拍手。斯库特把目光转向掌声传来的位置。"你可以站起来让我看到你吗？"那位观众有点不情愿地站了起来。"如果可以，"斯库特请求道，"请你试着给大家唱一句Snow的《Informer》吧。"

在观众们的轻笑声中，那位男士鼓起了勇气。"咳咳，"他开始唱道，"In–fooorrrr–mer，吧嗒吧嗒吧嗒吧嗒……"这段歌声马上引起哄堂大笑，斯库特带领台下的观众向他致以热烈的掌声。

"这位先生的勇气值得鼓励。"斯库特说道，"这就是我当时签下鸟叔的原因。因为我自己也听不懂《Informer》的歌词在唱什

---

① 1992年，《Informer》蝉联了7周美国《公告牌》（*Billboard*）百强单曲榜的榜首位置。它的演唱者Snow是一位来自加拿大的雷鬼音乐人，在此之后他再也没有推出过如此热门的歌曲。

么。我不懂韩语，我不知道‘Sana-i’是什么意思。但我记得小时候《Informer》这首歌刚出来的时候，我把里面每一句含糊的说唱都记下来了，然后觉得自己是周围最酷的孩子，因为我可以向其他小朋友显摆自己会唱这首歌。所以我开始想象有些不会韩语的孩子也会因为《江南 Style》开始学韩语。”①

斯库特在舞台上继续讲述了他小时候的经历，他在参加犹太成人礼的时候会随着《Cotton-Eyed Joe》和《Macarena》等歌曲的节奏跳舞。“所以我知道《江南 Style》是什么。”他说道。他让斯科特前往韩国联系鸟叔，不到一周之后，鸟叔就带着他的翻译来到了洛杉矶。他们三人在斯库特家的后院里开了一个会，斯库特表示希望与鸟叔签订一份全球唱片发行合约，并购买《江南 Style》在韩国以外的版权。他说仅仅因为 YouTube 的存在，《江南 Style》将会火遍美国乃至全世界。鸟叔本人甚至不需要离开韩国。

鸟叔通过翻译告诉斯库特：“这样吧，如果你有办法让这首歌冲进美国排行榜的前 100 名，我可以把它免费送给你。”斯库特说这是在开玩笑，他是想认真谈好这笔生意的。经过 30 分钟双语翻译交流，斯库特准备结束这场会议。

---

① 后来，斯库特向我分享了他向市场推广旗下艺人的方法——他会将他们与一些已经成名的艺人做比较，尽管他们并不喜欢这样。贾斯汀·比伯在刚出道时就被比作迈克尔·杰克逊。“你觉得年纪轻轻的他能跟迈克尔·杰克逊相提并论吗？肯定不能。但我还是要把他们放在一起，这样我就能给他打响‘流行王子’的名号，人们习惯于把相似的事物混为一谈。”

“所以我们可以成交了吗？”他在问完之后望向鸟叔的翻译，等待鸟叔给出的答复，但这位韩国歌手只是一言不发地坐着。

短暂沉默过后，鸟叔抬头看着斯库特，用英语说道：“如果你今晚来跟我喝一杯，我们就成交。”

斯库特大吃一惊，问道：“你会说英语吗？”

鸟叔回应道：“我在伯克利上过学。”

当天晚上他们来到了韩国城的 Parks BBQ 餐厅，在满桌的小菜和烤肉前握手达成了交易。

后来我问斯库特，为什么他认为《江南 Style》可以如此势不可当地流行起来，他说时间是一个很重要的影响因素。在这首歌刚发布的时候，韩国和美国正遭受猛烈的热浪袭击，各地气温甚至达到了十年来的最高纪录。除此之外，当时世界仍处于经济衰退的阴影之中，经济增长基本停滞。“人们充满了悲观情绪，”斯库特告诉我，“而且他们都已经热得不行了。鸟叔创作这首歌是希望能为国人带来一点欢乐。如果他能把欢乐带给韩国，也许也能把欢乐带给全世界。”

斯库特还说鸟叔是他见过最优秀的现场表演者之一。“他很能调动气氛。你只要把他放到电视节目上，观众就会被他征服。这个体重稍微超标的亚洲男人拥有令人难以置信的活力，人们会为他疯狂。”斯库特说他们之前把鸟叔安排在《今日秀》演出的时候，他要求把表演场地设在户外。但是节目制作人婉拒了这个请求，理由是鸟叔的名气不足以吸引大批户外观众。“好，那我们走着瞧吧。”斯库特回应道。在发出几条推文之后，他接到了 NBC 打来的电话，他们说鸟叔的演出将会转到户外进行。“我们接到了许多观众打来要求进行户外表演的电话，比我们邀请凯蒂·佩里的时候还要多。”那位制作人告诉他。

这本来是一个有趣的逸事，也是斯库特职业生涯中众多反击外界质疑的经历之一。但是随着故事的展开，斯库特开始流露出更多的情感。“当时现场出现了成千上万名观众，”他说，“但是最让我触动的是其中有很多人都在挥舞韩国国旗。他们都是美国人，都来自纽约。但他们是被遗忘的一群人，是你在街上每天都会遇到但不会注意到的人，因为从来没有人迎合过他们的需求，没有人想过要专门为他们制作音乐或者电视节目。我们的亚裔人口长期处于被忽视的状态，但他们也一直在努力工作，为我们的经济做贡献。”

“而且我也来自一个移民家庭。我父亲是从小住在纽约皇后区的难民后代。所以我在看到这个景象时受到了很大的触动，因为我能站在人性的角度理解这件事情对他们而言的重要性，能在收音机里听到自己语言的歌曲，这对他们来说是一种认可，一种歌颂。”

在那场演出上，有一位韩裔美国人告诉斯库特：“英语是我的母语，我的儿子也是一个韩裔美国人，当他看到电视和 YouTube 上有个长得像爸爸的人在跳舞时，他会笑得特别开心。”

“所有流媒体服务都为我们提供了一个传递人性的机会，”斯库特说道，“它们让我们有机会分享信息，并认识到自己的情感和反应都是自然产生的。文化会让我们对某些事物产生反应，是因为它们可以唤起我们的某些记忆。但我们的内心都有同样的价值观，音乐就是很好的佐证。流媒体所做的事情就是用扩音器把这个事实讲给所有人听。如果放在传统的音乐产业，《江南 Style》肯定会被认为不可能在韩国以外的地方流行，但它最终还是红遍了全世界。它成了全世界收视率最高的视频。[①] 无论在哪个国家，它都是第一名。”

事实上，《江南 Style》在美国最高只排到了第二名，那是因为在这首歌发布的时候，YouTube 观看量还没有被纳入音乐排行榜的参考范围。斯库特告诉我，如果把 YouTube 的数据考虑在内，《江南 Style》将会成为历史上蝉联美国《公告牌》百强单曲榜冠军时间最长的歌曲——连续 26 周。

虽然很遗憾鸟叔未能真正创下这个纪录，但是自此以后，YouTube 成了帮助艺人冲击排行榜的重要力量。我们在 2013 年与尼尔森和美国《公告牌》开展合作，将 YouTube 上的官方视频和用户创作视频的观看量纳入排行榜的影响因素，这项调整让 Baauer 的《Harlem Shake》刚登上百强单曲榜就拿下了第一名，这是历史上第 21 首取得该成就的歌曲。Macklemore & Ryan Lewis 的大热音乐视频《Thrift Shop》也让他们成功登上了榜首，这是

① 截至本书成稿时，这个视频的观看量已经达到 28.8 亿，它在本书上架时很有可能会达到超过 30 亿的观看量。

近 20 年来第一次有独立音乐人能做到这点。[1] 最近 Rae Sremmurd 和 Migos 的《Black Beatles》和《Badand Boujee》也双双进入了百强单曲榜，这主要得益于它们被用作了大量热门视频的背景音乐。[2]

除了这些新晋艺人，许多知名艺人也在这个 YouTube 时代中利用音乐视频推动自己的事业，甚至让自己重新回到了大众的视线。随着 MTV 的观众逐渐年长，加上这个电视网络开始专注于制作原创内容和真人秀节目，音乐视频曾经有一段时期出现了明显衰落。但是在碧昂斯、Lady Gaga、坎耶·韦斯特、凯蒂·佩里和 Sia 等艺人的努力之下，音乐视频的视觉创意有了很大的提升，也让这种媒介在网络上得到了新生。

与此同时，音乐制作和视频制作的成本也变得不再高昂。OK Go 乐队证明了一个病毒音乐视频并不需要花费数百万美元的制作成本——你只要有一点创意就可以了。在《Here It Goes Again》的音乐视频中，他们只是全程在跑步机上完成一系列复杂的动

---

① 虽然他们仍然是独立音乐人，但他们确实与华纳音乐签订了合约，以确保他们的歌曲能进入电台的播放列表。

② 自从美国《公告牌》开始把引用歌曲的用户创作视频的观看量作为排名依据之后，我们看到了很多出乎意料的结果。2013 年，推出已有 8 年时间的坎耶·韦斯特的《Gone》竟然在百强单曲榜中攀升到了第 16 名，原因是它被一个关于辞职的病毒视频引用了。2016 年，保罗·西蒙和阿特·加芬克尔的《寂静之声》一路冲到了热门摇滚单曲榜的第 6 名，这首面世已有 50 年的歌曲之所以能够重新被发现，是因为这首歌随着《Sad Affleck》视频得到了疯狂传播。

作，而且视频是一镜到底拍完的，成本非常低廉，但这并不妨碍它成为 2007 年格莱美最佳音乐视频奖的得主。到 2010 年，Ceelo Green 的《Fuck You》证明了一个音乐视频甚至不需要有“视频”，只是显示歌词也能火起来。在官方音乐视频推出之前，有粉丝已经为这首歌制作了一个只有歌词的视频，得到了大量的传播。看到人们在网络上的讨论后，CeeLo Green 在一个月后也推出了一个歌词版的音乐视频，获得了数百万的观看量。

更低的音乐视频制作门槛意味着它作为宣传工具的作用变得比以往更大了。“以前拍摄一个视频需要花费 50 万到 400 万美元，你还要恳求 MTV 播它，”斯库特在 CES 的舞台上说道，“现在你只要把它直接放在消费者的眼前，让他们自己去选择。”他说贾斯汀·比伯最受欢迎的一个音乐视频是《Sorry》，他们当时只是在新西兰拍下了一群舞者的表演，拍摄成本只要 5000 美元，贾斯汀本人甚至没有在视频里出现过，但就是这样的一个视频收获了 20 亿的观看量。

《Sorry》是贾斯汀为新专辑《Purpose》造势而推出的 13 支音乐视频之一。这些视频帮助贾斯汀打破了美国《公告牌》百强单曲榜最多同时上榜歌曲的纪录——足有 17 首之多（这个纪录最初由甲壳虫乐队保持，后来被德雷克打破）。我问斯库特在这个热门歌曲往往容易昙花一现的环境里，他可以采用怎样的策略帮助艺人稳定发展音乐事业。德雷克和 Future 等艺人都已经大幅缩短了他们的专辑发表周期，他们似乎每隔几个月就会推出新的作品。在专辑发表的空档期还有各种混音带、单曲和客串歌曲制作——在这样的环境下，艺人要为维持人们的关注度承受巨大的压力。

关于这些压力，斯库特的建议是忽视它们。“首先，你要保持稳定的产出，其次，你要明白人类的行为。当你达到人气高峰时，有时往后退一步也不失为一个好的做法。作为人，我们都很喜欢搭建东西，然后摧毁它们。你可以看看一个孩子是怎么玩的……我看过我的儿子玩积木，你知道他会怎么做吗？他用积木搭了一座塔楼。孩子们在搭好一座塔楼之后会怎么做？他们会把它推倒。”

“这是我们与生俱来的一个本性。我们喜欢建造，但也喜欢看着事物崩塌，然后我们会重新建造。塔楼被推倒，并不意味着终结，你可以重新搭建它。就像是故事发展的脉络一样，如果一个人一直保持这样——”他高高举起自己的一只手，“这是很无聊的一件事。要明白其实这样——”他拿手向下比画，“也是可以的。如果能接受这点，你就能利用它。”

比起德雷克的模式，他更提倡贾斯汀·汀布莱克的做法，“他是先淡出乐坛，然后以王者的姿态回归”。我们的讨论很自然地回到了贾斯汀·比伯身上，他曾经有三年时间没有发布新专辑，因为那段时间他被网络上的各种绯闻缠身，人们关注他的言行多于他的音乐，甚至连许多业内人士都不再看好他。我问斯库特，比伯沉寂了这么长时间是不是因为他的“摧毁后重建”策略。

斯库特表示这个时间安排主要出于他对贾斯汀健康情况的担忧。“无论贾斯汀对我说了多少次‘我已经准备好了’。我都不会让他出来，除非我能百分百确定他已经完全准备好了。最后当我们把他重新带上轨道时，这个状况肯定会对我们有利，因为人们都喜欢听自我救赎的故事。”

贾斯汀的确实现了自我救赎。他在2015年与Skrillex和Diplo联手打造的复出之作——《Where Are Ü Now》，为他斩获了第一座格莱美奖杯。他随后发表的专辑《Purpose》也取得了三白金销量的佳绩，这是他音乐生涯中表现最好的一张专辑。

我一直尝试向唱片行业强调的一个观点，也是斯库特在CES的舞台上调侃我的一个点是，跟MTV不一样，YouTube上的音乐视频可以同时带来宣传效果和金钱收入。正如其他所有YouTube创作者，我们会把音乐视频所产生的大部分广告收入支付给版权所有者（通常是艺人的唱片公司）。

然而，尽管YouTube可以发挥宣传工具和收入渠道的价值，但是有部分知名艺人，比如妮莉·费塔朵和黛比·哈利[①]却表示我们没有向艺人提供应得的回报。他们认为YouTube是因音乐而崛起的，但相对于音乐内容所带来的流量，我们在这方面的支出却显得非常不足。他们还表达了另外一个担忧——YouTube允许用户上传未经许可的音乐内容，导致原本应该分给版权所有者的收

① 很让我难为情的一件事是，在我童年只能通过信号断断续续地收听欧洲电台音乐的时候，黛比所在的Blondie是我最喜欢的一支乐队。

入被进一步蚕食。不过可能最让他们担忧的一点是，他们认为这种形式对新晋艺人的影响是最大的，因为他们正处于事业的起步阶段，但他们无法获得足够的收入来支撑自己的发展。

这些担忧当然值得我们认真对待，而且我们也是这样做的，因为 YouTube 的员工都相信自己在帮助每一位创作者和艺人（尤其是新晋创作者和艺人）的职业发展，并确保他们能够得到与付出相匹配的回报。如果说我们的商业模式是建立在牺牲艺人利益的基础上，这样的指责恐怕会让我们很多员工夜不能寐。但是随着我们越深入地研究这些担忧，它们就越显得站不住脚。

首先，关于广告收入分成的问题其实我已经在第 9 章讨论过。这里我认为需要强调的一点是，广告之前从来就不是唱片行业的主要收入来源，尽管你可能已经在收音机上听到过太多广告。广播电台占据了所有音乐消费的 1/4，但它们跟 MTV 一样不会向美国国内的唱片公司和艺人支付任何费用，尽管它们每年产生的广告收入高达 350 亿美元。在美国之外，广播电台确实会向唱片公司支付版税，但是这个数字只有 YouTube 目前音乐版权支出的一半。

相比之下，虽然音乐视频流媒体只占据 8% 的音乐消费份额，但 YouTube 每年会向音乐产业支付超过 10 亿美元。针对数字广告这种相对较新的变现模式，我们很容易质疑它能否为艺人带来足够的收入。但是随着时间的推移，广告对唱片产业的重要性将不亚于电视行业。举个例子，如果把广播电台当前的广告收入都转移到数字音乐领域，唱片产业的规模将会变成现在的两倍。

第二个问题是，YouTube 是依靠音乐内容取得成功的吗？音乐毫无疑问是我们平台的核心内容之一。根据尼尔森的调查数据，有超过一半的青少年群体会利用 YouTube 发现新艺人和收听音乐。大多数观看量最高的 YouTube 视频也都是音乐视频。但是过高的观看量有时也会产生误导，YouTube 最主要还是一个娱乐平台，虽然很多人会在 YouTube 上欣赏音乐，但他们消费的非音乐内容要远远多于音乐内容。YouTube 用户平均每月只会花 1 小时来观看音乐视频，但普通美国人平均每天要收听 4 小时的音乐。

我也能理解为什么有人担心未经授权的歌曲会影响艺人的收入。除了官方版本的音乐视频，YouTube 上还存放着许多由粉丝上传的音乐内容：演唱会视频、现场演出、致敬视频、混音、翻唱等。但是 YouTube 拥有一项专门的 Content ID 技术，它可以识别在这些视频中出现的音乐的版权所有者，所以无论视频的上传者是谁，相关的广告收入都会归版权所有者。我们已经与数以千计的唱片公司和版权所有者签署了授权协议，确保粉丝上传的视频不会被撤除——它们可以被保留在我们的平台上，为艺人带来收入。

这些视频也不需要经过人工审核或申报，有新视频上传的时候，Content ID 技术会自动在一个参考文件数据库中检索相似的内容，这个判断操作的准确率可达 99.7%。虽然我们需要唱片公司或艺人完成提供参考文件的前期工作，但他们从中获得的回报也是十分丰厚的——在我们向音乐产业支付的收入当中，有超过一半都来自粉丝上传视频的广告收入。

这就引出了人们最后一个担忧——在我们现在与音乐产业之间的关系之下，新晋艺人成了最大的牺牲品。但其实 YouTube 是世界上为数不多的可以让任何人上传音乐，并有机会获得超过 10 亿受众的平台。所以 YouTube 反而是新晋艺人的最大帮手。

“在参加这些大会的时候，经常会有人问我，‘我要怎样做才能得到你的关注？’”斯库特告诉我，“我说，‘去得到他们的关注’。”他把手向外一指，接着说：“因为如果你能做到这点，到时我还要求你加入我。我不再是一个把关人。你的手上已经有了所需的全部工具。”

“无论你使用 YouTube、Snapchat、Instagram，还是 musical.ly，”斯库特告诉我，“你已经有了一个优秀的工具。最难的工作已经让开发这些东西的人完成了，他们投入了大量的资金、时间和精力来确保这些东西能够正常运转。如果你把一个视频上传到 YouTube，你知道它不会崩溃，而且还是免费的。”

“但是要怎样才能得到他们的关注呢？”我问他。“变得足够优秀，”他给出了一个简短的答案，“你知道为什么你没有得到关注吗？因为你还不够优秀。贾斯汀也不是发了第一个视频就走红的。”

在我看来，人们对 YouTube 和其他流媒体服务的质疑其实反映了艺人和分发商之间的冲突，而这种冲突自录制音乐被发明以来就一直存在。1906年，《星条旗永不落》的作曲家约翰·菲利普·苏萨为《阿普顿杂志》（*Appleton's Magazine*）撰写了一篇题为《机械音乐的威胁》（*The Menace of Mechanical Music*）的文章，他在文章中抨击了录制音乐所带来的问题，他认为音乐一定要在现场演奏才能被人真正欣赏。“夜莺的歌声之所以如此美妙，因为这是从夜莺的喉咙里发出的。”他写道。苏萨担忧录制音乐会让儿童不愿意学习乐器，因为他们可以轻易在收音机上听到乐曲。“我能预见美国音乐和美国民众音乐品位的退化，美国的音乐发展也会陷入停滞。”

事实上，在广播音乐的启发之下，选择学习乐器的人反而比之前更多了。不过苏萨的主旨——更先进的分发技术会对艺人和音乐本身产生负面影响——却一直延续到了现在，从蜡筒唱片到黑胶唱片，再到磁带和CD，音乐录制技术的每一次重大进步都证明了这个观点。

尤其是在这个音乐流媒体的时代，互联网为唱片产业带来的冲击无疑是巨大的。音乐文件的容量相对较小，所以即使在网速较慢的条件下，CD中的音乐也很容易被盗录和分享。音乐产业的收入在1998年达到了顶峰——接近290亿美元，随后它经历了长达16年的衰退期，其收入数字也一路跌至145亿美元，之后才开始回升。到2002年，盗版音乐分享服务Napster的用户数量已经达到8000万。

这些触目惊心的数字让音乐产业不得不接受一个新的模式：

iTunes。通过 iTunes 销售数字音乐这种模式最初是为了打压盗版音乐而设的。在《滚石》杂志的一次历史性采访中，史蒂夫·乔布斯表示只要音乐产业能在定价和分发方式上做出让步，人们是非常愿意为音乐付费的：只需支付 0.99 美元，任何人都能把一首歌下载到自己的电脑上。iTunes 也许在唤醒人们对音乐的重视方面起到了重要作用，但它仍然无法阻止 CD 销量的下滑。事实上，把 CD 专辑拆分成数字单曲来销售的模式才是淘汰 CD 的最大动因。大多数人都不再购买完整的专辑（通常需要花费 10 到 20 美元），而是花费几美元购买几首自己熟悉或喜欢的单曲。

所以也难怪音乐产业会在流媒体面前摆出一副如临大敌的姿态，因为过去将近二十年的数字分发转型已经让它吃尽了苦头。然而，我认为现在恰恰是音乐产业应该感到乐观的时候。在我看来，音乐产业的巅峰时刻不是在过去，而是在未来，原因有三。

第一，在这个得关注者得天下的互联网时代，音乐产业已经有一个人人都喜爱的产品——人们每天会自发地收听好几个小时的音乐，这是许多报纸、电视网络、移动应用开发者和社交媒体平台所望尘莫及的。尽管所有人都在设法争夺我们的眼球，但音乐产业却牢牢地把控了我们的耳朵。

人们对音乐的喜爱引出了我们应该看好音乐产业的第二个原因：包括 Spotify 和 Apple Music 在内的音乐流媒体服务的付费订阅数字出现了迅速增长。Spotify 花了 7 年的时间收获了 1000 万订阅用户，而同样的数字 Apple Music 只花了几个月的时间就达到了。在它们之前，没有其他数字订阅服务能在10年之内获得1000万用户。

在大众对数字订阅服务（包括我们的YouTube Red）的支持下，数字音乐的销售额在2015年首次超过了实体音乐，这项转变让唱片产业重新恢复了增长。

音乐流媒体服务的订阅费用通常为120美元一年，这个数字要高于人们以往在音乐上的平均消费金额，即使是CD销量最高的时候，也没有达到这个水平。换句话说，音乐产业现在有机会从每个消费者身上得到比巅峰时期更高的收入。而且跟CD销售不一样的是，来自付费订阅的收入会更为稳定可控——订阅用户每月都会固定在音乐上花费10美元，而不是只有在逛唱片商店的时候才决定购买音乐。

蓬勃发展的音乐订阅服务最终也许能在全球范围内获得2亿到3亿注册用户。但是现在还有27亿互联网用户无法或不愿意每年在音乐订阅上花费120美元。音乐产业能为他们做些什么吗？

这正是我们要对音乐产业发展保持乐观的第三个原因。这些轻度乐迷（通常是比较年轻或可支配收入较低的人群）一直以来都是通过收听电台来满足自己的音乐需求的。他们从来没有买过CD，或者购买0.99美元一首的数字单曲，而且他们很多都生活在发展中国家，每月10美元的音乐支出对他们来说是无法想象的。但是现在有越来越多的轻度消费者开始使用带广告的音乐服务，所以音乐产业也能从他们身上获得更多的广告收入。

这个路线将能带领音乐产业进入史上收益最高的时代：订阅服务可以从高层次消费者那里获取大量稳定的收入，面向其他消费者则可以利用广告手段来变现。这种双轨模式对你来说可能并不陌生。从 1998 年到 2014 年，美国电视产业的规模实现了成倍的增长，这正是得益于订阅和广告并行的商业模式，而在同一时期，音乐产业恰好经历了收入减半的困境。

“创新总是会发生的，”斯库特告诉我，“我们也总会看到新事物的出现。但后退一步想想，你会发现人们的行为其实从根本上是相通的。对于年纪较大的人，比如我父亲，他们会在黑胶唱片上找到这种感觉。这种感觉就是你在发现一张唱片时的感觉，因为它还没有在电台上播放，你会觉得这是属于你的，这是一种优越感，这种优越感也在流媒体上延续了。如果在一个艺人尚未走红之前，你先在 YouTube 上发现他了，你也会有一种优越感，会觉得自己是他以后整个音乐生涯的参与者。YouTube 所做的就是为新一代的人找到这种优越感。”

音乐产业已经打过很多场硬仗——抵抗了盗版音乐的冲击，撑过了专辑拆分销售的潮流，打消了人们对付费音乐的质疑，最重要的是，它已经赢得了这场战争。

第 13 章

占据流量入口

移动消费的超速增长

280

“这个节目有点像《亲亲大厨》(*Kiss the Cook*),”数字电视网络 AwesomenessTV 的无脚本内容总监戴夫·格兰特说道，“会有两个人在比拼——这是一个约会节目，但他们是通过烹饪美食来争夺嘉宾的芳心。所以在节目的最后，嘉宾会根据菜式的口味选择自己心仪的对象。我们至少可以选择网红来担任主持人，但我不知道有多少单身网红愿意上约会节目。”

AwesomenessTV 的创始人布莱恩·罗宾斯坐在椅子上，一言不发地琢磨这个想法。布莱恩拥有晒黑的皮肤和健壮的体型，全身上下散发出一种洛杉矶人的健康气息，他当时身穿黑色 T 恤和裤子，双手交叉陷入思考时露出了手腕上的黑色苹果手表。他邀请我来旁听 AwesomenessTV 的新节目推介会议，在讨论过几个不同的想法之后，他似乎对这个想法特别感兴趣。“先等一下，”他向戴夫说道，“我们想一下《美国白马王子》(*The Bachelor*)和《钻石单身汉》(*The Bachelorette*)，为什么我们不能做这些节目的网红版本呢？为什么我们不能请来劳伦·伊丽莎白，我只是举个例子——6 个、8 个，这些节目会请多少个嘉宾来着？”

“我从来没有看过这样的节目。”资深电视制作人乔·达沃拉说道，他也是布莱恩的合伙人兼创业搭档。

“好吧，如果我们请青少年观众来参加，然后做成‘你能请某个女孩成为你在初中毕业舞会上的舞伴吗？’这样的形式。到时会有6个男孩尝试邀请梅里尔双胞胎参加自己的毕业舞会。或者反过来，让6个女孩邀请海耶斯·格里尔[1]成为自己的毕业舞伴。”

一阵沉默过后，布莱恩给出了一个定论。“这个节目，”他说，“肯定会一炮而红。”

在确定这个节目有可能走红之后，他们三位开始讨论节目的具体形式，毕竟不能把《美国白马王子》的模式照搬给他们的青少年观众。他们还想出了更多候选嘉宾的名字。乔提出了一位最近在YouTube小有名气的创作者，戴夫委婉地表示这位创作者可能不会对女性舞伴感兴趣。最后他们的讨论转向了这个节目应该在哪里播出：选择YouTube、go90（Verizon最近推出的订阅服务），还是别的平台呢？

“天哪，我们应该把它卖给电视台的黄金时段！”布莱恩说道，“它特别适合做春季的黄金时段节目，因为就要举办毕业舞会了，对吧？”但他马上又转念说：“哎呀，算了。我都忘了自己已经不在电视行业了。”

我能理解为什么他会产生这个想法。布莱恩在十几岁的时候

---

① 劳伦·伊丽莎白、梅里尔双胞胎和海耶斯·格里尔都是形象良好的年轻网红，他们在YouTube上都有几百万订阅者。

已经踏入好莱坞，他当时在电视剧《我们这一班》（*Head of the Class*）中饰演个性张扬叛逆的高中生埃里克·马迪安——这是一个梳着长发、身穿皮衣骑摩托车的学生形象，这个藐视权威、极度厌学的刺头男孩陪伴观众度过了 5 季的时间，这段参演青春电视剧的经历也对布莱恩产生了很大的影响。他在随后的事业中逐渐成长为一位高产的导演和制作人，他的作品主要是面向年轻观众的电影和电视剧。他担任了高中橄榄球主题电影《校园蓝调》（*Varsity Blues*）的导演，《超人前传》（*Smallville*）和《篮球兄弟》（*One Tree Hill*）等青春电视剧的制作人，还曾经负责 Nickelodeon 频道的全线实景真人秀节目的统筹工作。

2010 年，布莱恩会见了一位他从未听说过的年轻的 YouTube 明星——来自内布拉斯加州哥伦布市的卢卡斯·克鲁克香克，他在 YouTube 上以扮演弗雷德·菲格霍恩这一虚构角色而成名，弗雷德的形象是一个过度活跃、说话尖声细语的男孩。卢卡斯在 2007 年上传了他的第一个 YouTube 视频，他当时只有 13 岁。这个视频是在他的房间用低清网络摄像头拍摄的，而且剪辑也很粗糙。弗雷德在视频里说的第一句话是：“这个打开了吗？”

这个视频看起来就像是一个试验。为了吸引更多的 YouTube 观众，卢卡斯尝试扮演过多个不同的角色形象，弗雷德是其中最受欢迎的一个，而且当时 YouTube 刚起步不久。在不到两年时间内，FRED（弗雷德）就成了 YouTube 历史上第一个达到 100 万订阅者的频道。

会议当天晚上回家后，布莱恩问自己的孩子有没有听说过弗雷德。“我们当然知道弗雷德。”孩子们异口同声地告诉他。一直从事青少年现场娱乐节目制作的对此感到十分意外——他竟然并不了解孩子们正在看的东西。他认为这是一个机会，于是又问了孩子们一个假设性的问题：“如果电影院有弗雷德的电影在上映，你们想去看吗？”

孩子们马上两眼发光地问道：“今天晚上就去看吗？”

“我的孩子正生活在一个完全没有被好莱坞注意到的平行宇宙里，”布莱恩告诉我，“早在2010年的时候，没有一家经纪公司会设立数字部门，也没有人意识到这个需求的存在。如果说这个来自内布拉斯加州的孩子能在自己的卧室里拍出这么受欢迎的节目，要是我们进入这个领域，是不是也能掀起一股波澜？”

虽然布莱恩当时手上有一份派拉蒙的电影合约，但他知道在好莱坞为弗雷德拍一部电影得花好几年的时间，所以从来没有投资过电影拍摄的他决定自费投拍一部以弗雷德为主角的电影。他花了不到一年的时间拍出了《弗雷德大电影》(*Fred: The Movie*)，并把它卖给了Nickelodeon。这部电影吸引了将近900万观众，还帮助Nickelodeon成为2010年收视率最高的有线电视网络。

弗雷德的成功经验让布莱恩产生了一个想法。他意识到以后的青少年明星会在网络上出现，但他不想只制作一次性的电影或剧集，他希望从头开始建立一个全新的电视网络。“有线电视出现的时候，这种新的分发模式催生出了各种我们耳熟能详的新品牌。”他告诉我。布莱恩也看到了同样的机会，所以他想建立一个专门面向青少年的数字电视网络 AwesomenessTV。我在加入 YouTube 不久后就跟布莱恩见面了，当时他向我介绍自己的电视网络。“AwesomenessTV 不只是要制作一系列的内容，”他解释道，“我们想打造一个依托在 YouTube 上的品牌。”

获得种子融资后，AwesomenessTV 开始制作一批全新的青少年节目，并把它们全部免费发布在 YouTube 上。在不到一个月的时间内，这个新频道就凭借《忘记写作业的 7 个最佳借口》（*7 Best Excuses for Missing Your Homework*）和《对付校园恶霸的 5 种最好方式》（*5 Best Ways to Defeat Bullies*）这样的视频吸引了 10 万订阅者。观众们对这些内容的热情让布莱恩嗅到了另一个机会。在 2012 年感恩节周末期间，AwesomenessTV 频道发布了一个视频，其中向观众问了一个简单的问题：“你想成为 YouTube 明星吗？”他本来预计这个活动只能吸引几百个申请者，但是在那个周末结束之前，他们已经收到 4000 份申请。

如今，AwesomenessTV 每年会制作超过 800 小时的原创内容（多于大多数有线电视网络），它的合作年轻创作者也有数万人之多。这确实是一个惊人的数字，但这也说明了数字品牌的扩张能力，尤其是那些面向全球受众的品牌。这些合作创作者不仅参与了 AwesomenessTV 的内容制作，还带来了自己的粉丝社区，也就相当于带来了更多的分享、评论和点赞。这些创作者的频道和 AwesomenessTV 之间形成了一种互利共赢的关系。

2013 年，我在犹他州帕克市会见了梦工厂动画的创始人兼首席执行官杰弗瑞·卡森伯格，当时 AwesomenessTV 已经成立了一年左右。他问了我一个问题："YouTube 上有谁正在做真正与众不同的事情？"

杰弗瑞对媒体领域的新趋势有着独到的眼光。在执掌迪士尼动画工作室期间，他带领迪士尼的动画业务突破瓶颈，推出了《谁陷害了兔子罗杰》（*Who Framed Roger Rabbit*）、《美女与野兽》（*Beauty and the Beast*）和《狮子王》（*The Lion King*）等多部大热作品。与此同时，他还察觉到了 20 世纪 90 年代初兴起的独立电影风潮，于是他促成了迪士尼收购米拉麦克斯影业（Miramax Films），后者在几个月后做出了电影《低俗小说》（*Pulp Fiction*）。另外他还是业内最早看好数字动画发展的先驱之一，他带领迪士尼与皮克斯开展合作，对电影《玩具总动员》（*Toy Story*）的制作提供了大力支持，随后他成立了自己的数字动画工作室梦工厂。这一次，杰弗瑞的敏锐触觉发现了 YouTube，他也希望涉足这一领域。

我向杰弗瑞介绍了布莱恩，以及布莱恩在 AwesomenessTV 取得的惊人成绩。还没等我讲完，杰弗瑞就向我询问布莱恩的联系方式。杰弗瑞一贯以雷厉风行著称——布莱恩称他为"热点追踪导弹"，所以我觉得应该给正在休假中的布莱恩打一个电话，幸好他接了。"嘿，我可以告诉杰弗瑞·卡森伯格你的电话号码吗？"

他听起来有点意外。"呃，可以。"布莱恩说道。

"他现在就站在我身边，在我挂电话两秒之后他会打给你。"

“好的，嗯，没问题。”

“你要知道，”我告诉他，“你的人生要改变了。”

两秒过后，杰弗瑞拨通了布莱恩的电话。第二天早上，他们两位已经在洛杉矶共进早餐了，经过随后 4 天的磋商，梦工厂动画公司最终决定以 3300 万美元的价格收购 AwesomenessTV。19 个月后，梦工厂作价 8100 万美元将 AwesomenessTV25% 的股份卖给了赫斯特集团（Hearst），也就是说这家公司的估值在这段时间内达到了接近 10 倍的增长。

最近我跟杰弗瑞谈到了他当时的收购决定，他说真正让他感兴趣的是布莱恩的创新远见。“在我看来，整个 YouTube 平台上真正优秀的品牌有三个：Vice、BuzzFeed 和 AwesomenessTV，它们不是围绕某个个人形象建立的，而是真正按照一个品牌的理念来打造的。”

“这三位创始人都是独一无二的人才，谢恩拥有打破常规的新闻观点，乔纳[1]精通品牌建设，而布莱恩则是一位真正擅长讲故事的大师。我不是说 Vice 和 BuzzFeed 做的内容不够好，它们的内容是用一个特定的视角来重现人们周围的世界，而且带有强烈的风格，这是它们的强项。但布莱恩需要自己去编织出一个世界。”

他还提到布莱恩最初来到 YouTube 只是出于“好奇心和好胜心”，而不是为自己的内容找到一个新的渠道。“他当时正处于事

① 乔纳 · 佩雷蒂是 BuzzFeed 的创始人和《赫芬顿邮报》的联合创始人。

业的巅峰期，已经在自己的领域做得非常好，所以没有必要去冒这个险。但他选择这样做是因为看到了自己的孩子所关注的事物，然后想到‘为什么我没有在这个领域工作？’”

我当初之所以应邀旁听布莱恩的新节目推介会议，是因为我想看到未来的一些发展趋势。本书的内容主要还是面向千禧一代的读者，而布莱恩的 AwesomenessTV 却是完全为下一代的消费者量身打造的，也就是我们通常所说的 Z 世代。如今千禧一代已经成长为美国人口占比最大的群体，而且他们很快就会占据全球劳动力人口的 50%，但是紧随他们之后的世代也拥有不小的体量。跟千禧一代不同的是，Z 世代没有经历过互联网诞生之前的世界。根据市场营销公司 Influence Central 的一项研究，Z 世代的人群平均在 10 岁生日的时候收到了自己第一部智能手机（正在带孩子的父母都知道他们开始接触智能设备的时间实际上要比这早得多）。这一代人（我的两个女儿也在此列）长大后的媒体世界将会变成什么样？什么样的人会成为他们的偶像？

布莱恩非常明确这点：Z 世代所追捧的下一代明星会在网络上被发掘，会出现在 AwesomenessTV 这样的电视网络上。“我们所做的事情要比电视或电影领域的发展重要得多，因为这是他们（Z 世代）关注的东西，”他告诉我，“19 年前我在拍《校园蓝调》的时候，会从电视艺人里面选角。我选择詹姆斯·范德比克，是因为他出演了当时最受欢迎的电视剧《恋爱时代》（*Dawson's Creek*）。在当时找不到比这更火的电视剧了。”

“如果我现在拍《校园蓝调》，要在哪里找到现在的詹姆斯·范德比克呢？我可能会把目光放在网络世界。”但他也表示现在的电影工作室也不会拍《校园蓝调》这样的电影，“现在的电影行业只会一味追捧大制作。我要用我的方式来拍下一部《校园蓝调》。”

事实正如布莱恩所描述的那样，中低预算的电影曾经是多观众厅电影院发展的一大助力，但是现在的主流电影工作室基本上已经放弃了这类电影的制作，它们的主要制作资源已经转向那些男女老少通吃的电影。正如安妮塔·埃尔伯斯在《爆款》（*Blockbusters*）一书中所说的，出于经济效益的考虑，电影行业会更青睐受众面更广的电影，因为普通观影者平均每年只会去影院观看 5 部电影，那些热门大片会更容易吸引人们到影院观看，其中续集电影和漫画改编电影的表现还会更好，因为这些电影已经拥有一个庞大的粉丝基础，后者在观影前已经对电影的剧情或风格有所了解。

虽然电影在激烈的竞争下出现了更严重的同质化现象，但是电视原创剧集却因此出现了爆发性增长。1999 年，HBO 以《黑道家族》开启了电视的新黄金时代，从那以后，制作精良的电视剧开始遍地开花。在接连推出《广告狂人》和《绝命毒师》（*Breaking Bad*）后，AMC 成了首家荣获黄金时段艾美奖最佳剧集奖的非付费有线电视网络。此后几乎每一家有线电视网络都开始制作自家的优质剧集，比如 USA Network 的《黑客军团》（*Mr. Robot*）和 FX Networks 的《美国谍梦》（*The Americans*）。

以前的电视频道只播出重播内容也能轻松赚取广告收入和联盟费用，但是现在每家电视网络都需要制作能够在社交媒体上引起讨论的原创内容，以此证明自己在有线电视套餐中的价值。

出现这种情况的原因是电视收视率正在每况愈下。根据尼尔森的数据，从 2010 年到 2016 年，美国人每月观看电视的时长减少了 16 个小时。其中千禧一代和青少年电视观众的流失尤为明显：他们每月观看电视的时长减少了 40 个小时。唯一观看电视时长增加的人群是年龄大于 65 岁的年长观众。

然而，这些数字并没有表明电视内容已经不能吸引观众了——电视内容反而在 Netflix、Hulu 和亚马逊等视频流媒体服务上大受追捧。尽管这些服务都推出了自己的原创节目品牌，但用户们还是更喜欢利用这些服务回看自己错过的电视节目。

这种情况也发生在 YouTube 上面。随着更多电视网络开始将自家节目的精华片段上传到 YouTube，我们平台上的电视内容消费也在不断攀升。我在前面的章节里提到深夜脱口秀节目的战场已经被搬到了线上，几乎每个脱口秀都会在节目播出后的几个小时内（有时甚至是几分钟内）把最新片段上传到自己的 YouTube 频道上。除了深夜脱口秀主持人以外，艾伦·德杰尼勒斯和温蒂·威廉姆斯等日间脱口秀明星也开始在 YouTube 上发展新观众。各种真人秀竞赛节目，比如《美国之声》（*The Voice*）和《美国达人》（*America's Got Talent*）也在做同样的事情。你甚至可以在 YouTube 上看到《体育中心》的每日精彩片段。

电视网络把自己的内容分享到网络的举措似乎有违直觉，但是尼尔森的一项调查显示，在 YouTube 上收看电视节目的人会更有可能直接在电视上收看它们。而且由于 YouTube 是一个面向全球的平台，所以电视节目制作人可以将其作为打开新市场的入口，在向海外授权节目之前先在当地建立一定的观众基础。

2016 年，《詹姆斯 · 柯登深夜秀》（*The Late Late Show with James Corden*）凭借“拼车卡拉 OK”（Carpool Karaoke）环节成了一个全球现象级的节目，其中阿黛尔作为嘉宾的一期节目更是成了当年 YouTube 上最受欢迎的视频。如今《詹姆斯 · 柯登深夜秀》已经进入全球 150 个市场，在 YouTube 的帮助下，詹姆斯 · 柯登成了首个面向全球的脱口秀主持人。CBS 的首席执行官莱斯 · 穆恩维斯告诉我，詹姆斯在 YouTube 上的成功经验完全改变了他们对脱口秀制作的概念。

鉴于电视节目在 YouTube 上的高人气，我们在 2017 年 4 月推出了 YouTube TV 应用。我们意识到电视收视率的下降其实跟内容本身没有太大关系，问题主要体现在便利性上。观众并没有失去对电视节目的兴趣，只是他们不能随时随地在手机上观看这些内容——他们已经养成使用手机消费其他内容的习惯。

我们与各大电视网络合作，将它们的内容呈现在一个专门的手机应用之内，我们相信它能为“剪线族”和“没线族”——已经停止订阅或者从来没有订阅过有线电视的千禧一代——提供一种值得他们付费的体验。

在我看来，这就是娱乐媒体未来的趋势：大型影院会上映更多续集电影，流媒体服务和电视网络会推出更多精制剧集，也会有更多电视内容在网络平台上发布。随着电视内容的消费逐步转向互联网服务，电视节目制作人和传统名人也开始尝试突破电视节目时段的限制，在网络世界获取新的观众。

与此同时，网络创作者和 AwesomenessTV 这样的数字电视网络会不断发展和成熟，在更好的收入模式的支持下，他们可以创做出更多精良的视频，也就是说这些视频会更贴近我们每天在电视上看到的内容。在这两种媒体各取所长的过程中，它们之间的区别会变得越来越难以察觉。

这个同化的过程其实早已开始。莉莉 · 辛格的频道里有很多大众明星的合作视频，佩丽冉卡 · 曹帕拉和巨石强森都曾经做过她的视频嘉宾，她也会邀请其他热门 YouTube 创作者一起制作内容——她在这两个圈子都有不错的人缘。泰勒 · 奥克利与艾伦 · 德杰尼勒斯开展了一个合作项目，他们会把共同制作的网络内容同时上传到各自的频道，从而帮助艾伦进一步扩大自己的网络观众群体。谢恩 · 史密斯把自己在网络上的视频美学引入了电视领域——他新成立了一家叫作“Viceland”的电视网络，把电视广告拍出了微电影的感觉。凯西 · 内斯塔特把自己的科技公司 Beme 卖给了 CNN，作为收购协议的一部分，他开始为 CNN 制作一档每日网络新闻节目。虽然这些视频朋客都有各自的发展模式，但他们每一位都在加快新旧媒体之间的碰撞，YouTube 也在这个过程当中被推向了未来。

按照杰弗瑞的构想，这个未来是网络上可以提供短小精悍的超优质内容，它们的每分钟制作成本应该与黄金时段的电视节目相当。“现在我深信这一天会到来——人们可以看到拥有这种水平的编剧和叙事方式的内容，它们会以章节的形式分发，每个章节的时长不超过十分钟，这种专为移动消费打造的内容将会大受欢迎。”①

为了实现自己的理想，杰弗瑞在 2016 年 8 月以接近 40 亿美元的价格将梦工厂动画工作室卖给了 Comcast，并随之成立了一家名为 WndrCo 的科技媒体公司。“我要重新开始，”他告诉我，“但不是要在电影和电视行业重新开始。”

对于网络视频作为一种叙事媒介将会如何发展这个问题，他的看法是现在的网络视频就相当于 20 世纪 50 年代的电视。“无论从内容数量和质量还是从内容的消费水平来看，我认为这个行业整体还处于初级阶段，而它的前景很广阔……我认为它将以一种前所未有的方式进化，在各个方面创造出难以想象的巨大价值：分发、广告、订阅，还有最重要的内容。”

当然我也抱有同样乐观的态度。尽管流媒体视频已经彻底改变了媒体行业，但事实上人们目前消费视频主要的方式还是看

① 杰弗瑞曾经做过一个引起一时轰动的举动——在《绝命毒师》的大结局定档之后，他愿意向该剧的主创团队提供 7500 万美元的报酬，让他们再制作三集。虽然新闻媒体将此举解读为杰弗瑞不希望这部电视剧完结，但事实上他是想请这个团队制作 30 个时长 6 分钟的收费单集，作为验证优质短视频是否可行的早期尝试。但很不巧的是（剧透预警），该剧的结局让这个试验变得无法开展。

电视。YouTube 已经取得了备受瞩目的增长，我相信它有更大的潜能成为人们主要的娱乐方式。而且因为我们是一个开放的平台——无论是刚得到第一部智能手机的孩子还是大型媒体公司都可以在上面发布内容——所以我们可以提供无比丰富的内容组合。

但是这种开放性也意味着我们需要满足很多人。我们的持续成功取决于我们能否为观众、创作者和广告主提供足够好的体验，在如今的媒体环境下，他们的选择要远超十年之前。在理想的状态下，YouTube 可以满足所有人的需求，创作者可以吸引观众，观众可以吸引广告主，广告主可以支撑整个生态的运转。但如果其中哪一个环节出现了问题，它的影响也将会波及整个平台。

我们的开放性也让 YouTube 的未来变得更加难以预测。我在前面的章节里提到，斯库特总是喜欢把自己的新人比喻成已经深入人心的明星，这样的炒作方式能让乐评人和粉丝们更容易记住他们。这是新兴媒体常用的一个策略。谢恩对 Vice 的定位先从“下一个 MTV”变成了“下一个 CNN”，再到后来的“街头版的时代华纳”。布莱恩把 AwesomenessTV 称为“新的 Nickelodeon”。我曾经的上司泰德·萨兰多斯说 Netflix 的目标是，赶在 HBO 成为 Netflix 之前先成为 HBO。

虽然这种话术有一定的公关价值，但我们却找不到一个能准确定义 YouTube 的类比对象。我们不想成为下一个 HBO，不想成为下一个 MTV，甚至不想成为下一个时代华纳。事实上，没有人能预测 YouTube 未来会变成什么样。

结　语

通往世界的窗口

2015 年，我和太太决定去古巴旅行一次——我们两人对这个国家都有一种特别的向往。我太太来自多米尼加共和国，她的家乡距离古巴只有 50 英里，在她眼中，这两个国家就像是被迫分离的双胞胎——它们有着相近的种族组成和人口总数，经济体量大致相当，而且两个国家的人都热爱朗姆酒、雪茄和棒球。我太太的母亲历尽艰辛才把女儿送到美国上学，不过多米尼加共和国还是一个相对自由和开放的国度；而古巴是少数身处西方却仍然保持封闭的国家之一，这里的言论和媒体自由都受到了严重限制，直到 2013 年才开始向国外游客开放。

这种封闭的姿态正是我对这个国家感兴趣的原因。从小生活在捷克斯洛伐克的我希望到古巴一探究竟，了解那里的人是怎么生活的，看看能不能找到自己成长经历的一些痕迹。

乍看之下，身处热带的哈瓦那与冰天雪地的布拉格没有任何相似的地方。哈瓦那看起来反而更像巴黎，只是这座城市已经有50年没有对外开放了。虽然这里的几座游客广场都已被翻修一新，但我在旁边的小路上看到了墙面剥落的三层楼房、没有铺砌的人行道和坑坑洼洼的积水。游客们被锃亮的50年代款雪佛兰轿车载着在市内兜风，跟在后面的是苏联时期的拉达汽车——这是我在十几岁学车时使用的车型。从家庭经营的小餐馆走出来后，我来到了当地的市集，看到货架上只放着几袋大米和几瓶橄榄油。除了棕榈树、莫吉托和马雷贡大道旁的海滨美景，这里还有很多能勾起我童年回忆的地方。

在我们准备离开的前一个晚上，我在入住的酒店外面被一个小男孩叫住了，他问我能不能把酒店的 Wi-Fi 密码给他。古巴的互联网基础建设比较落后，但是少数酒店会专门为国际游客提供按时计费的上网服务。我把之前从前台那里收到的一张卡片给了那个小男孩，然后跟着他来到了酒店的围墙外面，那里站着好几个和他一样的小男孩，他们正拿着自己的手机和电脑上网——他们都在看 YouTube 视频。

他们当中有人在看克里斯蒂亚诺·罗纳尔多的精彩镜头，也有人在看拉丁歌曲的音乐视频。有一个孩子穿着印有美国国旗图案的短裤，他正在看《周六夜现场》（*Saturday Night Live*）的最新短剧（当时亚历克·鲍德温还没有开始模仿特朗普），还有一个文身覆盖全身的男孩在看服装制作的教学视频。在我太太的翻译下，我了解到他想开一家专门卖T恤的商店。

在运营YouTube这家公司的过程中，有时候我也很容易迷失在各种琐碎的事务之中。从无休止的新内容引进谈判，到日常的广告主宣传工作，再到帮助创作者更好地在我们的平台上发展，这家服务全球15亿用户的公司的繁杂工作有时确实会让人无暇思考其他问题。

但就在哈瓦那的酒店外面，我终于能把自己抽离出来，重新认识到获取信息和娱乐的能力对于这些人群的重要性——你会想起YouTube其实是传递知识、娱乐和互相理解的重要力量。

小时候的我其实跟这些古巴孩子没什么不同。我当时的做法是摆弄家里那台老式收音机的天线，让它能断断续续地收到来自西柏林的电台信号，或者聚在父母朋友家的小电视前观看盗版电影。

虽然我只能透过一个缝隙看到外面的世界，但这也足以让我怀疑政府向我们宣传的东西，足以让我产生离开布拉格前往西方的念头，足以让我决定投身娱乐行业——从一开始在比弗利山庄的一家经纪公司当收发员，到后来走上了一段贯穿史上最具影响力的三个媒体品牌的职业生涯。

如今，YouTube正在为全世界提供一个更大的窗口，让数百万人能够看到他们从前无法想象的娱乐、新闻和教育内容，而这一切都是免费的。

我当初写作本书的出发点是讲述YouTube的独特之处——让人们认识到新一代创作者和创业者的影响力和重要性。我希望展示汉克、约翰、泰勒、莉莉和珍妮所建立的社区的意义；我希望如实指出阿丹德、马特、杰克和其他无数创作者在积累人气时所面临的困难；我还希望讲述谢恩、凯西、斯库特和布莱恩如何颠覆媒体行业的基础。

但是在写作的过程中，我逐渐认识到这些故事最重要的价值并非改变人们对 YouTube 的固有印象，而是引导新一代的独立创作者和创业者走进媒体的未来。下一代艺人、教育工作者、导演和企业家已经出现，他们正努力在这个充满机遇的世界中找到自己的出路。我希望他们在看到本书之后能够有所收获，开始认识到 YouTube 能在他们的职业生涯中扮演怎样的角色。

视频曾经是娱乐行业门槛最高的一种媒介，因为它的创作成本和分发难度最高。但是随着 YouTube 这类全球免费分发平台的出现，加上智能手机的大范围普及，视频领域已经变成一个自由市场，几乎任何人都能涉足其中。有些看不惯这种现象的批评者可能会认为这只是一个人人都在哗众取宠的名利场，但他们并没有看到这一切背后的重大意义。

YouTube 播主们正在提供更好的课堂学习方式，提升少数族群的社会地位，将人文关怀传播到更多的国家，建立新一批蓬勃发展的小型企业，利用真诚重新定义名人，鼓励年轻人关心新闻和政治，制作更吸引眼球和更有意义的广告，帮助音乐新人走向人气巅峰，并把网络视频创作打造成全世界增长最快的产业之一。

对于一群朋客来说，能够做到这些也挺不错了，不是吗？

致 谢

首先想感谢数百万的视频朋客，他们的创意和才能是我们每天的灵感来源。

我们还想感谢苏珊、斯科特、尼尔和 YouTube 在全球的数千名员工，他们确保你在点下那个红色播放按钮后会看到精彩内容。

我们要特别感谢本书所刻画的一群主角：约翰·格林，如果没有他最初的支持，我们写不出这本书；汉克·格林，他在自己事业最忙碌的一年仍然愿意抽空帮助我们；泰勒·奥克利，虽然他现在肯定已经对“真实”这个标签感到厌烦，但他确实是勇于展现自我的代表；莉莉·辛格，她非常乐意放下自己手上写的书来为我们提供帮助；李秀满，他的超前思维让人觉得他是一个从未来穿越到现在的人；珍妮、阿尔和多恩一家，他们的热情和决心塑造了本书的核心价值；柯南·奥布莱恩，他可能是参观过我们公司的人当中最有趣的一位；巴瑟姆·尤瑟夫，他用微笑反抗了当局对他的压迫；海拉·加扎勒，她拥有一种极具号召力的反抗精神；阿丹德·索恩，他的深刻洞察真的可以（也应该）写成一本书；米歇尔·潘，她是最早的视频朋客之一，也是许多后来者的榜样；杰克·康特，硅谷需要更多像他这样有想法的创业者；马修·帕特里克，他极力投身于自己的事业，更难得的是他还保持着一颗善良的心；谢恩·史密斯，他一直以最酷的方式活着（他也应该写一本自己的书）；汤姆·弗雷斯顿，他对文化未来发展的洞察是我们望尘莫及的；凯西·内斯塔特，他在40分钟内给我们留下的金句可能我们写40本书都写不出来；斯库特·布劳恩，他的内省和外向性格结合起来产生了巨大的能量；布莱恩·罗宾斯，他在参加一次YouTube活动演讲时差点出意外，我们很感激他的友好和奉献精神；杰弗瑞·卡森伯格，他的指导与智慧将继续改变很多个人和行业的发展轨迹，包括我们的。

我们还想感谢那些为本书贡献过很多想法的人，尽管我们的写作能力不足以把他们的原话一一表达出来：马修·鲍尔、里奇·格林菲尔德、乔治·斯特洛姆波洛斯和沙尔扎德·拉法提。

我们要感谢所有以各种方式帮助我们写成本书的人：罗丝安娜·罗哈斯、科瑞·库尔、丽萨·菲利佩里、珍妮·多明格斯、麦克·斯威尼、斯科特·曼森、诺拉·朗、埃里克·迈耶斯、佩尼·马库拉斯、希瑟·德鲁克、保罗·玛夫西克、佐伊·迪斯蒂法诺和考特尼·巴尔马克。

另外，我们还要特别感谢丽萨·迪莫纳，她带领我们走进了内容创作的领域；霍利斯·海姆鲍奇，他从一开始能理解我们的视频朋客概念，如果没有他的帮助，这会是一本沉闷乏味的书。

曼尼想感谢她的妻子艾比对他的耐心和指引，以及他的家人对他的鼓励和无限的支持。他要感谢凯文·阿洛卡对他的关心，以及克里斯·戴尔和马修·特珀的支持。他要感谢肯德拉·迪罗西尔、凯文·蒙特勒、伊丽莎白·德鲁纳、吉姆·哈比格、布兰登·费尔德曼、亚历克斯·迪亚斯和马克·埃伦博根对他初稿的细心反馈。他特别要感谢迈克尔·洛克，他是最早提出“有人应该写一本关于这个主题的书”的人。

罗伯特想感谢他的妻子露丝，她是他们家的第一位作家，并向他示范了怎样写好一本书。当然他要感谢他的两个女儿阿德里亚娜和伊莎贝拉，她们是他每天的骄傲和灵感来源，而且她们对这个主题的理解肯定要比他好。他还想感谢自己的父亲、母亲和妹妹一直以来对他的大力支持。